Georg von Glowczewski

Ökumenische Spazierwege

Georg von Glowczewski

Ökumenische Spazierwege

15 Stadtführungen durch Berlin und seine Kirchenlandschaft

Herausgegeben vom
Ökumenisch-Missionarischen Institut des
Ökumenischen Rates Berlin-Brandenburg

WDL-VERLAG BERLIN

Dieses Buch ist für EUR 12,80 im Buchhandel erhältlich.

Mitgliedskirchen des ÖRBB erhalten das Buch ausschließlich über die Geschäftsstelle des ÖRBB gegen eine Schutzgebühr von EUR 10,00
Bestellungen an:
Ökumenischer Rat Berlin-Brandenburg, Gierkeplatz 2-4, 10585 Berlin
Telefon: 030-3421000, Fax: 030-3421011, e-mail: post@oerbb.de

Erschienen als Band 8 in der Reihe
"Ökumenische Existenz in Berlin-Brandenburg" (ÖEBB):

Band 1: Rechtfertigung kontrovers. Die Gemeinsame Erklärung zur Rechtfertigungslehre im Gespräch der Konfessionen. ISBN 3-932356-18-7

Band 2: Befreiung-Besetzung-Versöhnung. Die Arbeit ausländischer Christinnen und Christen nach dem Zweiten Weltkrieg in Berlin. ISBN 3-932356-31-4

Band 3: Mit uns hat der Glaube nicht angefangen. Wie die Freikirchen in Berlin begonnen haben. ISBN 3-932356-39-X

Band 4: Sie verlassen jetzt den evangelischen Sektor. Reden für die Einheit der Christen. ISBN 3-932356-63-2

Band 5: Wem gehört die Stadt? Sechs Jahre Armutskonferenz im Ökumenischen Rat Berlin-Brandenburg. ISBN 3-932356-61-6

Band 6: Den christlichen Glauben entdecken. Ein Leitfaden.
ISBN 3-932356-84-5

Band 7: Deiner wart ich mit Verlangen. Mystische Spiritualität entdecken mit dem Evangelischen Gesangbuch. ISBN 3-86682-103-4

Band 8: Ökumenische Spazierwege. 15 Stadtführungen durch Berlin und seine Kirchenlandschaft, ISBN 3-86682-106-9.

Ökumenische Existenz in Berlin-Brandenburg: 7
1. Auflage September 2006
Umschlag: WDL-Verlag unter Verwendung von Bildern des Autors
Satz und Layout: WDL-Verlag Berlin
Druck und Gesamtherstellung:
ISSN 1439-1910
ISBN 3-86682-106-9
www.wdl-verlag.de

Inhalt

Zum Geleit:

Das Berliner Vaterunser von Dr. Carl Sonnenschein (1928)

(aktualisiert, etwas verändert und leicht gekürzt von Georg von Glowczewski)

Vater unser

Gibt es das? Bis heute war noch niemand gut zu mir! Mein Vater trank! Meine Mutter starb in der Irrenanstalt in Wittenau. Ich bin in Kreuzberg aufgewachsen. Zu Dir also darf ich Vater sagen! Das ist für mich ein neues Gefühl! Die andern sind Brüder? Ich hatte einen Bruder und eine Schwester! Sie liegen auf unseren Kreuzberger Friedhöfen am Mehringdamm. Beim Begräbnis war es eisig kalt! Diese Kälte bin ich nicht los geworden.

Der Du bist im Himmel

So fern ist dieser Himmel über unserer Stadt! Anderswo deckt er mit seiner goldenen Wärme Hof und Haus. In Berlin ist er so sternenfern! Ein anderes Land! Mit dem wir keine Telekommunikationsverbindung, keine e-mail-Adresse, haben! Die Heiligen, die hinaufstiegen, sind wie kühne Astronauten! Im Weltall! Wir aber schauen ihnen nach! 0, dass Du uns nahe wärst! Du ferner, Du großer, Du ewiger Gott!

Geheiligt werde Dein Name

In meiner Umgebung ist alles unheilig! Ich kenne nur ein paar Kinder! Die sind unschuldig geblieben! Aus ihren Augen lacht das Paradies! Sie sind wie Blumen im Frühling! Wie bald werden sie welken! Die meisten haben schmutzige Hände! Geschäftsmenschen! Weltmenschen! Auch fromme Menschen! Wie viel Selbstsucht wohnt in ihren Seelen! So flüchte ich, im frierenden Grau dieser Asphaltstadt, zu Deiner Heiligkeit! Ich will sie mit beiden Händen über mein Schicksal erheben! Ich will bei Dir sein! In Deiner ätherblauen Reinheit! Auf Deinen schneeweißen Gipfeln! In dem Atem Deiner Gerechtigkeit!

Dein Reich komme

Lass zwischen die Pfähle dieser Stadt ein Stück Deines Reiches sich niederlassen! Zwischen das Geröll hier an Spree und Havel binde Deine Anker! Auf Deinem Schiff, o Herr, lass mich sonntäglich über die Fluten des Werktags fahren! Alles in mir brennt nach Licht und Leben! Wir versuchen vergeblich, den Himmel mit unseren Träumen zu bevölkern! Du musst mit Deiner Wirklichkeit zu uns niedersteigen, Dein Reich muss bis zur Erde reichen! Bis nach Berlin! Sonst sind diese Gärten, Wälder und Parks um diese Stadt verdorrende Wüste!

Dein Wille geschehe

Ich weiß es! Diese Gärten blühen nur, wenn sie Dein Gesetz befruchtet. Alles andere ist Surrogat! Ist Kurpfuscherei! Ist blöder Ersatz! Es gibt kein System, aus dem die Welt leben könnte, als Deinen Willen! Der über alle Triebe, über alle Gesundheits- und Rentenreformen, über alle Parlaments- und Parteiprogramme die Urschönheit der Welt ist.

Wie im Himmel, so auch auf Erden

Im Lichte Deiner Ozeane schweigen die Stürme! Kein Luzifer erhebt sein gewappnetes Haupt gegen Dich! Dein Dekalog ist Innenstruktur der himmlischen Welt! Das Geheimnis der Erde aber ist Freiheit. In der Freiheit der Widerspruch! Das Geheimnis dieser Stadt ist die Perversität! Die Kraft zum Heiligen und zum Verbrecher! Beides wohnt in dieser Stadt. Sie erprobt Dein Gesetz im Streit! Sie will es mit blutiger Stirn erkennen.

Unser tägliches Brot gib uns heute

So sind wir an die Bedingtheit der heutigen Wirtschaft gefesselt. Vom hellen Morgen bis zur braunen Nacht quälen wir uns um Brot. Um die schmale Kammer! Um den Lohn des Monatsendes! Mit zerkrampften Händen erwerben wir die nackte Existenz! In tausend Menschen zerfrisst der Hunger allen Geist! Wer ist kleiner als wir? Wer erdgebundener? In den Gefilden Galiläas stehen die goldenen Lilien! Eleganter gekleidet als Salomon! Über den Halden des Tabor hängen die Falken. Sie finden ihr Korn. Wir aber stoßen uns wund im Kampf um die Futterkrippe! O Herr, gib uns das tägliche Brot!

Vergib uns unsere Schuld

Wir sind keine Deterministen! Wir wissen, dass Rousseau irrte - auch Voltaire, der Freund des Alten Fritz! Auch diese Stadt ist nicht nur Schicksal! Nicht nur Zustand! Nicht nur Milieu! Auch hier flackert die Gemeinheit. Auch wir tragen Verantwortung in schmalen Händen. Auch uns ziemt die Erforschung des Gewissens! Nicht zu allem zwang uns der Asphalt dieser Stadt! Wir hätten ihn zerschlagen können. Wir hätten in das aufgebrochene Erdreich dieser Straßen Lilien pflanzen können! Den Rhythmus der Maschinen zu gregorianischem Choral komponieren! Dass wir unseren Glauben verloren, o Herr, lässt sich begreifen. Lässt sich nicht letzthin entschuldigen! Verzeihen!

Wie auch wir vergeben unsern Schuldigern

So steht es in der Parabel vom ungetreuen Knecht. Ihm sind vom Herrn Millionen erlassen. Er soll dem Mitknecht Pfennige erlassen. Aber er würgt ihn! Er bedrängt ihn! Bis er die Schuld bezahlt habe! So ist unsere Bitte furchtbares Gericht! Du wirst uns messen nach unserem Maß! Wir dürfen nicht mit leeren Händen kommen. Auch heute gilt die Arbeit am inneren Menschen! Die Selbstdisziplin! Der Verzicht! Das Training! Der Erweis der Nächstenliebe! Das zweite Gebot ist dem ersten gleich. Du willst keine religiöse Hingabe an Dich ohne soziale Hingabe an die anderen!

Und führe uns nicht in Versuchung

Wir wollen Christen sein! Gemeinsam! Auch in dieser Stadt Berlin! Gerade auch im Lawinensturm ihres Heidentums! Auch in der Gletscherkälte ihrer Skepsis! Auch in der Not ihres Irrsinns! Wir wollen stark sein! Wir katholische und evangelische Christen gemeinsam! Wirf, o Herr, auf unsere Schultern nicht zu schwere Last! Wäge sie an unserer Schwäche! Wir tragen weniger als die Menschen auf dem Balkan, im fernen Sri Lanka und Südasien, im Irak, in Afghanistan - oder gerade jetzt in dem uns so innerlich nahen Palästina, Deinem Heiligen Land! Dennoch: Auch in unserer Stadt ist der Kampf abgrundschwer. Übersteigere Dein Gesetz nicht, o Starker!

Sondern erlöse uns von dem Übel

Öffne den Schoß Deiner Güte! Die Knospen an unseren Zweigen brauchen Wärme. Die Seelen in unseren Gefängnissen Liebe! Das trockene Land Deinen Tau! Diese Welt hat die Elternliebe verloren. Sie hat gegen den Vater den Wirtschaftsmanager, den Bankkaufmann, den Staatsanwalt eingetauscht! Im Lichtfeld ihrer Psalmen steht der Richter des Alten Testaments. Über dieser Stadt hängt sein Gericht! Du aber bist endloses Verstehen! Du bist tausendfaches Verzeihen! Du bist der Gott der Güte! Du bist unser Vater!

Denn Dein ist das Reich und die Kraft und die Herrlichkeit, in Ewigkeit. Amen.

Vorwort

Der Besucher der Bundeshauptstadt Berlin sieht an vielen Stellen der Stadt hohe Kirchtürme. Sind sie „Relikte aus längst vergangener Geschichte"? Machen wir uns nichts vor: In einigen Berliner Stadtbezirken, besonders im Ostteil Berlins, sind vielleicht noch 20 Prozent der Bevölkerung christlich getauft. Ist Berlin also eine „heidnische Stadt"? Die Statistik spricht eigentlich dagegen: Rund 600 Kirchen gibt es in Berlin, manche ganz klein und bescheiden. 120 Klöster und Ordensniederlassungen, sowie weitere kirchliche Einrichtungen sind zu verzeichnen. Und noch einige bemerkenswerte Zahlen: Groß Berlin entstand 1920 als ein „künstliches Gebilde" aus acht Stadtgemeinden, 59 Dörfern und 27 Gutsbezirken.

In all diesen „Ecken" Berlins gibt es christliches Leben zu entdecken. Manches geschieht im Verborgenen: in Gebetskreisen, in christlichen Kindertagesstätten und Schulen, in sozialen Projekten im Bereich der Caritas und Diakonie, in christlichen Vereinen und Verbänden, in Krankenhäusern und Senioreneinrichtungen. Dieses selbstverständliche christliche Engagement wird auch von vielen Nicht-Christen anerkannt.

Der vorliegende Führer durch das christliche Berlin – unter ökumenischem Vorzeichen – soll einfach nur aufmerksam machen auf die Vielfalt christlichen Lebens. Er soll kein üblicher Reise- oder Kirchenführer sein. Davon gibt es schon genug Spezialliteratur. Ich möchte Sie einfach im wahrsten Sinne des Wortes „ver-führen" und einladen, solch einen ökumenischen „Spazierweg" nachzulaufen – allein oder mit anderen zusammen, mit Gästen Berlins. Und das nicht nur in der alten und neuen Mitte Berlins, in der „City" um den Alexanderplatz, der Friedrichstraße oder dem Kurfürstendamm, sondern ganz bewusst auch „jwd", wie der Berliner sagt, „janz weit draußen" in Tegel, Heiligensee oder Britz, in Spandau oder Dahlem, in Pankow und Niederschönhausen oder in der Villenkolonie Grunewald. Es sind Spazierwege dabei, auf denen selbst alte Berliner staunen: „Hier war ich ja noch nie!". Die Vielfalt der Berliner Kirchenlandschaft zu entdecken, heißt eben auch, Spuren von Menschen aufzuspüren, die als Christen unterschiedlicher Konfession hier in dieser Stadt gewirkt haben und Impulse setzten. Nur einige Namen: Pfarrer Martin Niemöller in Dahlem, Dompropst Bernhard Lichtenberg in Charlottenburg und Mitte, der baptistische Pfarrer Eduard Scheve und der katholische „Sozialapostel" Dr. Carl Sonnenschein in Grunewald, Otto Dibelius und Ernst Freiherr von Rothenburg in Steglitz, der Lehrer Max Jähnert in Tegel oder Pfarrer Joseph Lenzel in Niederschönhausen.

Bitte sehen Sie es mir nach, dass Manches doch stark durch meine „katholische Sozialisation" geprägt sein wird, durch persönliches Erleben und eigene Erfahrungen bei meinen „Wanderungen durch Natur und Geschichte" in Vergangenheit und Gegenwart. Aber Sie werden beim Lesen immer auch meine ökumenische Grundhaltung spüren, die so manches „kleine Pflänzchen" in der Zusammenarbeit zwischen den Konfessionen vorstellt, „hegt und pflegt".

Georg von Glowczewski

Route I:

Auf den Spuren des alten Berlins in Berlin-Mitte

Allgemeine Einführung:

Die erste urkundliche Erwähnung Berlins – genuer des Fischerortes Cölln an der Spree – wurde 1987 in beiden Teilen der Stadt groß gefeiert, trat Berlin damals vor 750 Jahren doch in das Licht der Geschichte. 1470 wurde Berlin ständige Residenzstadt der Hohenzollern und blieb das bis 1918. Nach dem Dreißigjährigen Krieg setzte ein neuer Aufstieg ein: Der Große Kurfürst Friedrich Wilhelm (1640-88) ließ 1658 die Stadt mit einer Festungsmauer mit 13 Bastionen umgeben. Keines der Tore, bis auf das Brandenburger Tor, blieb erhalten. Die Doppelstadt Berlin-Cölln hatte drei Hauptkirchen: In der Altstadt St. Nikolai, in der Neustadt St. Marien, in Cölln die St. Petri-Kirche, von der leider nach ihrer Zerstörung im 2. Weltkrieg nichts mehr übrig blieb.

Die Mitte Berlins war immer ein arg gebeutelter Bezirk. Besonders stark hatte er im 2. Weltkrieg zu leiden, als auch das alte Zentrum mit dem Nikolaiviertel in Schutt und Asche sank. Vor 60 Jahren war das alte Berlin nur noch ein Trümmerhaufen, wie andere Gebiete auch. Die Katastrophe des Weltkriegsendes traf besonders die historische Mitte. Die Rote Armee kam als „Befreier" von der Nazi-Diktatur.

Die historische Mitte gehörte zum sowjetischen Sektor Berlins, wurde dann zur „Hauptstadt der DDR". Ein „sozialistisches Zentrum" wurde geplant und erbaut.

Kirchen? Die, die noch standen und genutzt wurden, wurden versteckt hinter den Symbolen des neuen kommunistischen Zeitalters: Fernsehturm, Alexanderplatz und Umgebung, Marx-Engels-Forum, Palast der Republik, Karl-Marx-Allee (früher: Stalinallee). Zum 750-jährigen Stadtjubiläum entstand aus der Retorte das alte Nikolaiviertel neu, quasi als historisches Zugeständnis der „Hauptstadt". Im Mittelpunkt steht jetzt die St. Nikolaikirche, das älteste Bauwerk des alten Berlins, aber nur noch als Museum – eine Filiale des Märkischen Museums. Alte christliche Zeugnisse im Berliner Zentrum? Da muss man schon ein bisschen suchen. Denn auch in der Nachwendezeit gab es ganz andere „Tempel" – die des Konsums: Der „Kaufhof" am Alexanderplatz, das Medien-Kaufhaus „Saturn", ein Cinémax-Kino, usw. Wo aber findet man denn noch alte christliche Spuren?

Start: Am S-Bhf. Hackescher Markt, Ausgang Spandauer Straße

Wenden wir uns zunächst der Hospitalkirche Zum Heiligen Geist an der Spandauer Straße, unweit des S-Bahnhofs Hackescher Markt, zu: Diese kleine gotische Kapelle ist der letzte Rest eines bereits 1272 erwähnten Hospitals „Zum Heiligen Geist". Es gab im Mittelalter drei sog. Armenhöfe. Zwei davon sind in der ersten Urkunde erwähnt: das Georgsspital vor den Toren Berlins an der Oderberger Straße, das auch für Aussätzige diente, und das Heiligengeist-Spital hier an der Spandauer Straße, innerhalb der Stadtmauer. Auf der Cöllner Seite, vor dem Teltower Tor, kam 1405 - 1411 noch das St. Gertraudenspital hinzu. (siehe Route 1, unter dem Stichwort: Von der hl. Gertraud zur hl. Hedwig)

Das Heilig-Geist-Spital existierte bis 1825. Dann wurde es – bis auf die Kapelle – abgerissen und durch einen zweigeschossigen Neubau ersetzt. Bis zur Errichtung der großen Städtischen Krankenhäuser vor dem Prenzlauer Tor diente diese Einrichtung der Armenpflege.

Die Kapelle stammt in ihren Anfängen noch aus dem 13. Jahrhundert. Das Feldsteinfundament erinnert daran. In spätgotischer Zeit wurde sie dann umgebaut und erhielt ihr heutiges Aussehen mit den drei spitzbogigen Fenstern nach Osten hin und einem schönen Sterngewölbe im Innern. Zu DDR-Zeiten diente die Kapelle als Mensa der benachbarten Wirtschaftswissenschaftlichen Fakultät der Humboldt-Universität. 2005 wurde die Kapelle restauriert.

Hoch oben in einem der Fenster an der Straßenfront, erkennt man eine Malerei, die einem Schwan ähnelt. Sie war der Namensgeber geworden für die Apotheke ganz in der Nähe, an der Spandauer Str. 40. Sie hieß „Zum weißen Schwan" und wurde berühmt, weil dort 1836 bis 1839 der berühmte Theodor Fontane seine Apotheker-Lehrzeit absolvierte. Über seinen Lehrherren, den Apotheker Rose, schrieb Fontane: „Alle geben sie vor, Ideale zu haben; in einem Fort quasseln sie vom ‚Schönen, Guten, Wahren' und knicksen doch nur vor dem Goldenen Kalb ... Jeder erscheint sich als ein Ausbund von Güte, während in Wahrheit ihr Tun nur durch ihren Vorteil bestimmt wird, was auch alle Welt einsieht, nur sie selbst nicht".

St. Marienkirche:

Die St. Marienkirche ist auf diesem Weg der erste Höhepunkt, gleich links an der Karl-Liebknecht-Straße gelegen. Bevor man die Kirche betritt, sollte man vor der Kirche stehen bleiben und auf das halb verfallene Kreuz neben dem Eingang achten. Es ist ein so genanntes Sühnekreuz.

Die Geschichte dazu ist etwas abenteuerlich: Im Jahre 1325 gab es eine Auseinandersetzung zwischen dem Deutschen Kaiser und dem Papst in Rom. Es ging um die so genannte „Investitur", d.h. um die Einsetzung von Bischöfen im Reich. Beide, Kaiser und Papst beharrten auf ihren Rechten. Propst Nikolaus von Bernau war auf Seiten des Papstes. Nach einer Predigt hier in der St. Marien-Kirche, zerrten ihn die Berliner von der Kanzel und erschlugen ihn vor der Kirche, denn sie standen auf Seiten des Kaisers. Als das in Rom bekannt wurde, verhängte der damalige Papst Johannes XXII. einen Kirchenbann über die Stadt. Die Kirchentüren wurden verschlossen, die Lichter an den Altären erloschen, es durften keine Glocken mehr geläutet und keine Sakramente (z.B. Taufen oder Trauungen) mehr gespendet, also auch keine Gottesdienste mehr abgehalten werden. Lediglich die Franziskaner vom nahen „Grauen Kloster" hatten Mitleid mit den „gebannten" Berlinern. Sie übernahmen das Notwendigste: das Lesen der heiligen Messen und das Spenden der Sakramente. 22 Jahre dauerte der Streit. Erst 1347 konnte er – nach einer Pilgerschaft des Berliner Magistrats nach Rom – beendet werden.

In der Mitte des 13.Jh. wurde in Berlin die sog. Neustadt gegründet, die neben der Altstadt (Nikolaikirche) und Cölln (Petrikirche) auch eine eigene Kirche erhalten sollte, der Gottesmutter Maria geweiht. Die Grundstruktur mit dem Feldsteinsockel ist also sehr alt. Doch bei einem

Großbrand im Jahre 1380 brannte auch diese erste Kirche von 1270 nieder.

Nun zum Inneren: Eine der sehenswertesten Ausstattungsstücke dieser Kirche ist der sog. „Totentanz", ein eindrucksvolles Beispiel mittelalterlicher Malerei des 15. Jahrhunderts, genauer aus dem Jahre 1485. Das Fries ist zwei Meter hoch und 22 Meter lang. 1860 wurde das Werk freigelegt und mehrfach stark ergänzt, 1955 - 1958 konserviert und von Übermalungen befreit. Zum theologischen Inhalt: Hier stehen sie alle, die Mächtigen und Reichen – vom Papst angefangen bis zum Bürgermeister und Herzog, und die Kleinen, wie der Bauer und die Krügerin (Wirtin), der einfache Prediger oder der angesehene Kaufmann. Alle werden vom Gevatter Tod aufgefordert zum letzten Tanz ihres Lebens.

Die Kirche hat heute eine barocke Ausgestaltung. Berühmt ist die Kanzel von Andreas Schlüter (1702/03), der Altar (1757/62), und die Orgel von Joachim Wagner (1720/21). Das bronzene Taufbecken stammt aus vorreformatorischer Zeit (1437 gestiftet). Kaum für Touristengruppen zugänglich, nur auf Wunsch, ist die Schutzmantelmadonna auf der Orgelempore aus dem 14. Jh. Es ist eine weitere Kostbarkeit, ein interessantes Gemälde aus dem 14./15. Jh. Man sieht hier eine überlebensgroße Maria (ca. 3 m), und unter ihrem Mantel stehen etwa 30 Personen, Repräsentanten geistlicher und weltlicher Stände, die die gesamte Menschheit symbolisieren.

Auf dem Weg zum Nikolaiviertel

Einer der Pfarrer von St. Marien schrieb kürzlich: „Unsere Kirche steht unübersehbar zentral. Sie erinnert daran, dass der Glaube keine private Gesinnung ist, sondern ein öffentlicher Auftrag". Es war Pfarrer Johannes Krug. Stimmt das wirklich? Ist die St. Marienkirche „unübersehbar zentral"?

In einem Feature-Beitrag von Klaus Hartung in der Berliner Tageszeitung „Tagesspiegel" (27.3.2005) stand dazu: Der gotische Bau wirke wie eine „Randexistenz, an die laute Karl-Liebknecht-Straße geklemmt, halb versunken in der Tiefe der Historie, gerade noch geduldet von der Dominante des Platzes, der sozialistischen Stadtkrone, dem Fernsehturm". Der Platz hier wirke wie ein „klaffender Raum" mit „Dimensionen ohne Maß".

Hier sehe man die „Verstaatlichung und Entchristianisierung der Innenstadt vollendet“. Fazit des Beitrags: „Unter den Rasen, Rabatten, Pflasterungen ist ein Drittel von Alt-Berlin, ist der größte Teil des Marienviertels verschwunden“.

Wir wollen diese alten christlichen Spuren im Zentrum Berlins aufspüren. Deshalb gehen wir nun hinüber in das alte Nikolaiviertel, in die historische Altstadt Berlins.

Das Nikolaiviertel und die St. Nikolaikirche

Anfang der 80er Jahre wurde vom damaligen Ostberliner Magistrat ein städtebaulicher Wettbewerb ausgelobt, den der Architekt Günter Stahn gewann. Seine Idee war es, möglichst viele der noch vorhandenen Straßen und Gebäudereste zu erhalten, noch in Erinnerung weiterlebende Häuser zu rekonstruieren, darunter auch die alte St. Nikolaikirche. Das war in der DDR ein Bruch mit der bis dahin stehenden Praxis: Ein neues Geschichtsbewusstsein erreichte die damaligen Machthaber – gerade auch im Hinblick auf die Feiern zum 750-jährigen Stadtjubiläum Berlins. Der Wiederaufbau des Nikolaiviertels mit der alten Kirche in der Mitte war ein Meilenstein in der Geschichte der Stadt Berlin. Denn in Ost wie in West hatte man sich bekanntlich in den 50er bis 70er Jahren „versündigt“: Altes abgerissen und nur an das neue technologische Zeitalter geglaubt.

Das Nikolaiviertel wurde ein Beispiel, wie man es auch anders machen kann. Inmitten des wieder aufgebauten alten Nikolaiviertels, der eigentlichen Altstadt von Berlin, steht nun die St. Nikolaikirche. Wenn auch als Gotteshaus nicht mehr genutzt – ein Teil des Märkischen Museums hat dort mit wechselnden Ausstellungen Heimstatt gefunden – ist diese Kirche die älteste und bedeutendste in der Stadt Berlin. Um das Jahr 1200/1230 soll es schon einen ersten Kirchbau gegeben haben – unter dem Patronat des hl. Nikolaus, dem Patron der Händler und Kaufleute. Wenn Sie sich die eindrucksvolle Westfassade der Nikolaikirche anschauen, die sorgsam verarbeiteten Feldsteine (Granitfindlinge), dann werden Sie sofort erkennen: Diese Kirche ist augenscheinlich sehr alt. Nach der ersten romanischen Kirche und nach dem Stadtbrand von 1380 entstand diese jetzige spätgotische, dreischiffige Hallenbasilika.

Etwas zum heiligen Nikolaus, dem Patron dieser Kirche: Der sagenhafte Bischof von Myra, der im 4. Jh. lebte und in Bari (Süditalien) starb, ist im Mittelalter ein sehr beliebter Heiliger gewesen. Man erzählt über ihn viele Legenden und Geschichten. Eine davon ist die von den drei jungen Frauen, die so arm waren, dass sie keine andere Wahl sahen, als ihren Körper zu verkaufen. Der hl. Nikolaus hörte davon und rettete sie vor der Prostitution, indem er allen Dreien des Nachts drei goldene Kugeln durch das offene Fenster warf, „für die Aussteuer", so sagt man.

Georg Buchholzer, ein Schüler Melanchthons, hatte hier in der Kirche die erste evangelische Predigt gehalten. Über 25 Jahre lang war er der erste lutherische Pfarrer hier. Ein anderer lutherischer Prediger arbeitete hier von 1657 bis 1666 als Diakon, ehe er dann als Pfarrer an die St. Moritzkirche in Mittenwalde berufen wurde: Es ist der bekannte Liederdichter Paul Gerhardt. Zusammen mit den Kantoren Johann Crüger und Johann Georg Ebeling, die Paul Gerhardts Verse vertonten, entstanden hier und später in Mittenwalde seine bekanntesten Kirchenlieder. Eines ist auf einer Gedenktafel neben dem Eingang abgedruckt:

„Nun danket all und bringet Ehr..."
ihr Menschen in der Welt,
dem dessen Lob der Engel Heer
im Himmel stets vermeldt.

Ermuntert euch und singt mit Schall
Gott unserm höchsten Gut
der seine Wunder überall
und große Dinge tut.

Er gebe uns ein fröhlich Herz
erfrische Geist und Sinn
Und werf all Angst, Furcht, Sorg und Schmerz
in Meerestiefen hin.

Er lasse seinen Frieden ruhn
auf unserm Volk und Land.
Er gebe Glück zu unserm Tun
und Heil zu allem Stand."

St Georg im Kampf mit dem Drachen

Im Nikolaiviertel, unweit der Nikolaikirche am Spreeufer, findet man eines der populärsten Denkmäler Berlins: „St. Georg im Kampf mit dem Drachen“ von August Kiß aus der Mitte des 19. Jahrhunderts. Es hat einst im ersten Hof des Berliner Stadtschlosses gestanden. Auf der Pariser Weltausstellung 1855 wurde das Werk ausgezeichnet und sollte nach London verkauft werden. Aber die Witwe des Künstlers schenkte es dem preußischen König. Und so blieb der heilige Georg Berlin erhalten. Nach dem Krieg stand das Denkmal im Volkspark Friedrichshain, ehe es restauriert wurde und 1987 den jetzigen Platz am Rande des Nikolaiviertels fand. Der Berliner Volksmund unterschob bereits vor Jahrzehnten St. Georg folgenden Ausspruch: „Een Pferd reiten, det Schwert führen, mit dem Drachen sich rumkeilen und dennoch de olle Standarte hochhalten, det is‘n bisken ville verlangt!“.

Wir laufen jetzt noch ein Stück weiter durch das Nikolaiviertel, vorbei am Ephraim-Palast (1761-64 erbaut) und überqueren den verkehrsreichen Mühlendamm zum Molkenmarkt, bzw. was von dem ältesten Markt Berlins noch übrig ist. Denn die Ost-West-Magistrale – 1966 angelegt, durchschneidet ihn. Die Mühlendamm-Brücke mit der Schleuse ist der älteste Übergang über die Spree. Bereits in der Bronzezeit existierte hier eine Spree-Furt. Hier führte die alte Handelsstraße durch. Die jetzige Brücke ist aus Beton und wurde 1968 erbaut. Das Schwerinsche Palais am Molkenmarkt barg zu DDR-Zeiten das Ministerium für Kultur. Das Stadthaus (1902-1911 von Ludwig Hoffmann erbaut) war das „Haus des Ministerrats der DDR“. Zuletzt residierte hier Willi Stoph. Hier ist‘s also nichts mit christlichen Spuren.

Parochialkirche

Wenn wir nun in die Parochialstraße hinein gehen, stoßen wir auf ein barockes Palais, um 1737 die Residenz des Staatsministers von Podewils. Und gleich daneben wieder eine Kirche, ebenfalls aus der Barockzeit: die Parochialkirche. Der ursprüngliche Plan von Johann Arnold Nering für diesen Kirchbau wurde später von Philipp Gerlach fertiggestellt. Das war 1714/15. Berühmt wurde diese Kirche mit einem ursprünglich spitzen Turm durch das älteste Glockenspiel Preußens (noch vor dem berühmten Glockenspiel der Potsdamer Garnisonkirche).

Das Glockenspiel zu Berlin war von 1717 bis 1944 zu hören. Dann wurde auch die Parochialkirche zerstört und blieb bis 1993 Halbruine (bis 1991 als Möbellager genutzt). Hier war ebenfalls – wie in der St.Marienkirche – eine berühmte Orgel von 1731, geschaffen vom Orgelbaumeister Joachim Wagner. Sie hatte genau 1.999 Pfeifen, verteilt auf 32 Register. Sie existiert nicht mehr, ebenso wie die barocke Kanzel (1731) und der Hochaltar von 1884/85. Nach der Zerstörung der Kirche fand die kleine Gemeinde Unterkunft in einer Notkirche im Turmsaal. Die Parochial-Kirchgemeinde und die ebenfalls ohne Gotteshaus lebende St. Georgen-Gemeinde vereinigten sich 1968. Ein neues Gemeindehaus wurde errichtet. Doch 1974 musste es im Zuge der „Neugestaltung des sozialistischen Zentrums" am Alexanderplatz weichen.

Erst nach dem Zusammenbruch des DDR-Regimes konnte man neu planen. 1992 wurde die „Gesellschaft zur Förderung von Kultur an der Parochialkirche e.V." gegründet. 1993 wurde das Gelände und die Kirchenruine als Standort für die Theologische Fakultät der Humboldt-Universität vorgesehen, die Kirche als Zentrum der Evangelischen Studentengemeinde.

Was blieb, ist der sog. „Kreuzgang" im Kellergewölbe mit Grabstätten und Grüften. Insgesamt 30 Gruftkammern gibt es. Daneben aber auch einen romantischen Kirchhof, der besuchenswert ist. Von 1705 bis 1854 wurden hier fromme Menschen beigesetzt. Interessant sind einige der Grabsteine, auf denen z.B. steht: „Die Liebe war's, die uns auf Erden band. Die Liebe eint uns dort im ew'gen Vaterland." So auf dem Grabstein der Marie Wilhelmine Walter, geb. Heinze. Der Stein am Grabmal Kirsch trägt einen bekannten Spruch des hl. Apostel Paulus aus dem Römerbrief: „Leben wir, so leben wir im Herrn, sterben wir, so sterben wir im Herrn. Ob wir leben oder sterben, wir gehören dem Herrn – im Leben oder Tod. Denn Christus ist gestorben und wieder lebendig geworden, um über die Lebenden und die Toten zu herrschen" (Röm 14, 7-8). Schauen wir zur Grabstätte der Familie Arndt: Johann Friedrich Wilhelm Arndt (1802-1881) war Doktor der Theologie, „weiland 1. Prediger an der Ev. Parochialkirche", heißt es auf dem Grabstein.

Gleich neben dem Friedhof ist das modern umgestaltete Gemeindezentrum der evangelischen Gemeinde (auch der St. Mariengemeinde). Gegenüber sieht man Reste der alten Berliner Stadtmauer, errichtet um 1250, im 14. Jh. ergänzt und erhöht. Sie umgab ganz Berlin und Cölln und wurde im 17. Jahrhundert verstärkt durch Bastionen.

Ein Naturdenkmal an der Mauer ist der über 75 Jahre alte „Goldblasen-Baum" – so genannt, weil er sonderbare Blüten und blasenartige Früchte bildet, in brauner und gelber Färbung sehen sie im Herbst tatsächlich aus wie „Goldblasen". Es ist ein sog. Solitärgehölz aus Indien und wird dort zur Seifenherstellung verwendet. Die Blüten liefern auch einen guten Farbstoff.

Ein Stück weiter sehen wir ein altes Haus aus der Barockzeit, „anno 1621" steht über dem Eingang. Dort befindet sich immer noch eine besondere Gaststätte: „Zur letzten Instanz" heißt sie. Sie wurde 1963 restauriert und erweitert und hat die ganze DDR-Zeit überstanden. Der Name hat etwas mit dem wuchtigen Gebäude daneben zu tun. Es ist das alte Gerichtsgebäude des Landgerichts. Ob so mancher Kläger oder Angeklagte dort seine „letzte Instanz" einklagen konnte? Das Gebäude lag und liegt an der „Waisenstraße". Nomen est omen? - Nun nähern wir uns von hinten einer bedeutenden Kirchenruine, also wieder „christlichen Spuren".

Das „Graue Kloster" der Franziskaner in Berlin

Die so genannten „Bettelorden", die Franziskaner und Dominikaner, hatten sich schon im 13. Jh. hier in der Doppelstadt Berlin-Cölln angesiedelt – die Franziskaner ab 1250 in Berlin, die Dominikaner folgten Ende des 13. Jh. nach Cölln, nachdem sie ursprünglich in Spandau ihr Kloster errichten ließen. (Dazu mehr im Kapitel „Ökumenische Spaziergänge in Spandau").

Wenden wir uns nun den Franziskanern zu. Die Franziskaner waren bei den Berlinern im Mittelalter beliebt. Man sagt, der erste in Berlin tätige namentlich bekannte Franziskaner, Hermann von Langele, war als Lektor für die geistliche und theologische Unterweisung seiner Mitbrüder verantwortlich. Er soll auch Beichtvater der askanischen Markgrafen Johann I. und Otto III. gewesen sein (um 1250). Deren Nachfolger, Otto V. und Albrecht III. schenkten das ihrem Berliner Hof unmittelbar benachbarte Grundstück den Franziskanern zum Bau ihres Klosters. Der erste Bau der Franziskaner-Klosterkirche wurde 1250 begonnen. Wir sehen Reste aus Feldsteinen an der Nordwand. Die jetzt als Ruine zu sehende ehemals dreischiffige, gotische Basilika stammt aus dem 14./15. Jahrhundert. Auch diese Klosterkirche wurde im 2.Weltkrieg zerstört. Bereits 1951 begann man mit dem Sichern der noch stehenden Umfassungsmauern.

Nochmals zurück in die Reformationszeit. Es war schon erstaunlich, dass die Reformation in Berlin und Brandenburg dem hohen und großen Ansehen der Franziskaner, der sog. „Barfüßer“, nichts anhaben konnte.

Über 300 Jahre bestand das „Graue Kloster“ in Berlin. Der Name blieb auch nach der Reformation erhalten. Thurneisser errichtete 1571 hier eine erste Druckerei in Berlin. 1574 gründete sich in den Mauern des Klosters das berühmte Evangelische Gymnasium „Zum Grauen Kloster“, das es übrigens bis heute gibt und das eines der besten und angesehendsten Gymnasien Berlins blieb. Einige wenige der Absolventen des Grauen Klosters: Fürst von Bismarck und Friedrich-Ludwig Jahn (der „Turnvater“).

Die Klosterruine, die heute in einer Parkanlage liegt, wurde gerade kürzlich für knapp 1,4 Millionen Euro gesichert. Die Arbeiten sind abgeschlossen und die Ruine wurde wieder in die Zuständigkeit des Bezirks Berlin-Mitte zurückgegeben. Es gibt einen Förderverein, eine sog. „Kulturstiftung“. Es soll Skulpturenausstellungen, Lesungen und einen Theatersommer in der Klosterruine geben.

Rund um die Klosterruine kann man die modernen Plastiken des Bildhauers Manfred Strehlau sehen. Sie sind unter Christen zum Teil umstritten, so die Pietá und die Darstellung Christi am Kreuz, wie er sich als „Sieger“ die Dornenkrone vom Kopf reißt. Damit konnten auch Marxisten etwas anfangen, erzählt man sich.

Von der heiligen Gertraud zur heiligen Hedwig

Auf dem Wege den Mühlendamm zurück, auf die alte Fischerinsel zu, gibt es noch anderes zu entdecken: Da ist zunächst einmal die heilige Gertraud auf der gleichnamigen Brücke. Sie erinnert an das ehemalige St. Gertrauden-Hospital im Mittelalter (siehe Ausführungen am Anfang der 1. Wanderung). Die drei Meter hohe Bronzestatue erinnert an die Patronin der Krankenhäuser und Spitäler. Die heilige Gertraud (oder Gertrud) war aber auch die Patronin aller fahrenden Schüler und Gesellen, sowie die Beschützerin aller Reisenden. Das Denkmal wurde 1895 von Rudolf Siemering geschaffen. Der junge Bursche, wahrscheinlich ein „fahrender Geselle“, zu ihren Füßen, wird von der Heiligen mit einem Trunk gelabt. Dazu gibt es auch eine kleine Inschrift am Fuß des Denkmals: „Hei, wie das Nass durch die Kehle rinnt / Und der Bursche mit eins wieder Mut gewinnt / Nun dankt er laut / „Dir heilige Gertraud. / Ratten- und Mäusegezücht / machst Du zunicht. / Aber den Armen im Land / reichst Du die Hand!".

Das im 2. Weltkrieg schwer beschädigte Standbild steht seit 1954 wieder hier an diesem Platz, der immer noch – in Erinnerung an das Hospital – der „Spittelmarkt" heißt. Geht man nun rechts in die Niederwallstraße hinein, so sieht man auf der linken Seite den Spindlerbrunnen (1891 geschaffen), den die Berliner wegen seiner braunen Farbe scherzhaft den „Schokoladenbrunnen" nennen.

Bedeutender für Christen ist die Niederwallstraße wegen zweier katholischer Einrichtungen, von denen die eine spurlos verschwunden ist. Die Nummer 11 dieser Straße ist in die katholische Kirchengeschichte als die „Heilige Elf" eingegangen. Heute steht an dieser Stelle ein Platten-Wohnungsbau aus DDR-Zeiten. Aber hier befand sich eine der wichtigsten Begegnungsstätten der katholischen Minderheit, das „Katholische Vereinshaus", gegründet vom schlesischen Missionsvikar Eduard Müller (1818 -1895), der besonders die fahrenden Handwerkergesellen förderte und ihnen hier eine Heimat und Übernachtungsmöglichkeit gab. Nicht nur das. Hier spielte sich im 19. Jahrhundert das katholische Leben in der Stadt Berlin ab. Es gab Bildungsveranstaltungen, Treffen der katholischen Vereine, vom Lehrlingsverein bis hin zum Akademikerverein. Das Haus wurde im 2. Weltkrieg zerstört und nicht wieder aufgebaut.

Nicht zerstört wurde – wenige Meter weiter an der Niederwallstraße – das älteste katholische Krankenhaus der „Grauen Schwestern von der hl. Elisabeth" (eine Schwesterngemeinschaft aus Neiße/Schlesien) das St. Joseph-Krankenhaus. 1863 kamen die Nonnen aus Schlesien hierher nach Berlin und wirkten bis zum Ende des letzten Jahrhunderts in diesem Krankenhaus. Sie mussten es wegen Nachwuchsmangel aufgeben. Seit kurzem ist hier das katholische „Erzbischöfliche Ordinariat Berlin" mit verschiedenen Dienststellen untergebracht.

Wenn wir nun der Niederwallstraße folgen bis zum Hausvogteiplatz, sehen wir schon die Friedrichwerdersche Kirche, 1824 - 1830 nach Plänen von Karl-Friedrich Schinkel erbaut. In diesem stattlichen Klinkerbau verschmelzen die Stile von Klassizismus und Neugotik.

Die Kirche ist kein Gotteshaus mehr, sondern widmet sich als Museum dem Wirken und Schaffen des berühmtesten Baumeisters Preußens,

Karl-Friedrich Schinkel. Zahlreiche seiner Werke sind dort im Original zu sehen. Ein Potsdamer Architekturschüler stöhnte während seiner Studienzeit verzweifelt: „In jedem Winkel ein Schinkel, an jedem Karree ein Lenné“ (Peter-Joseph Lenné war Hofgärtner und Landschaftsarchitekt im 18.Jh.). Tatsächlich wäre die preußische Kulturlandschaft ohne die beiden, die übrigens engagierte Christen waren, undenkbar!

Geht man an der Französischen Straße weiter in Richtung Westen, sieht man rechter Hand das „Bernhard-Lichtenberg-Haus“ mit der katholischen St. Hedwigs-Kathedrale. Die Geschichte dieser Kirche geht auf den preußischen König Friedrich II., den man auch den „Großen“ nennt, zurück. Er führte mehrere Kriege gegen Österreich, um Schlesien für Preußen zu gewinnen. Das gelang ihm auch. Aber Schlesien war in der Mehrzahl der Bevölkerung katholisch. Um den schlesischen Adel zu gewinnen, und nicht – wie es in einigen Quellen und Büchern heißt – weil er so „tolerant“ war, versprach er, den Katholiken in Berlin auch eine Kirche zu bauen. Eigentlich hatte er an eine Kirche für alle Konfessionen und Religionen gedacht – ein „Pantheon“. Denn das Pantheon in Rom war ja in der Antike allen Göttern geweiht. Doch mit dieser Idee konnte er sich nicht durchsetzen. Nur die Baugestalt – nachgebildet dem Pantheon in Rom – blieb erhalten, umgesetzt von dem niederländischen Baumeister Johann Boumann. Der König stiftete Bauholz und andere Materialien. Das Geld blieb aber seitens des Königs aus. So mussten die Katholiken in ganz Europa um Spenden betteln. Am 13. Juli 1747 war die Grundsteinlegung der Kirche, aber erst am 1. November 1773 konnte sie eingeweiht werden! Übrigens nicht vom zuständigen Fürstbischof von Breslau, den der König nicht leiden mochte, sondern vom Bischof von Ermland! Die hübsche Geschichte über die Form der Kirche wird immer wieder gerne erzählt, ist aber nur eine Legende: Als der „Alte Fritz“ gefragt wurde, wie denn die neue katholische Kirche aussehen solle, habe er seine Kaffeetasse umgedreht, und meinte: „So!“

Zur heiligen Hedwig: Zur Patronin dieser Kirche wurde die heilige Hedwig von Schlesien gewählt. Ihr Fest ist am 16. Oktober. Sie stammt eigentlich aus Andechs in Bayern, wurde aber schon im Alter von zwölf (!) Jahren mit dem Herzog von Schlesien vermählt. 1174 - 1243 lebte sie, und war – ähnlich wie die hl. Elisabeth von Thüringen – eine unwahrscheinlich sozial engagierte und populäre Landesfürstin, die schon zu Lebzeiten den Ruf der Heiligkeit hatte.

Die St. Hedwigskirche erlebte im Laufe ihrer Geschichte mehrere Umbauten. Von der ursprünglichen Kirche aus dem 18. Jahrhundert ist nichts mehr erhalten. 1884-87 wurde sie unter Max Hasak nochmals umgestaltet und erhielt eine kleine Laterne auf der Kuppel. Als das katholische Bistum 1930 gegründet wurde, gestaltete der Wiener Architekt Professor Clemens Holzmeister die Kirche zur Kathedrale um. Bei einem schweren Bombenangriff im März 1943 sank sie in Schutt und Asche. Die Kuppel stürzte ein. Nach ersten Sicherungsarbeiten und dem Aufbau der Kuppel, konnte im November 1963 die Hauptkirche der Katholiken Berlins wieder eingeweiht werden – mit moderner Ausstattung. In der Unterkirche befindet sich, neben den Gräbern der Berliner Bischöfe seit der Gründung des Bistums, auch das Grab von Bernhard Lichtenberg, dem Priester, der sich in Predigten hier in der Kathedrale gegen die Judenpogrome und -verfolgungen einsetzte, von der Gestapo verhaftet wurde, im Zuchthaus Tegel einsaß und schließlich auf dem Transport ins KZ Dachau verstarb. Die katholische Kirche hat ihn 1996 beim Papstbesuch in Berlin „seliggesprochen".

Den Ökumenischen Spazierweg durch Berlins Mitte könnte man natürlich jetzt noch ausdehnen in Richtung Westen – zum Gendarmenmarkt, mit dem Deutschen und Französischen Dom, sowie dem dortigen Hugenottenmuseum, oder in Richtung Osten – vom Bebelplatz, die Straße Unter den Linden entlang, zum Berliner Dom.

Route 2:

Die „Spandauer Vorstadt" in Mitte - das so genannte „Toleranzviertel“

Allgemeine Einführung:

An den Ausfallstraßen zwischen der ehemaligen Festungsmauer und der neuen erweiterten Stadtmauer, entstanden Mitte des 18. Jahrhunderts die sog. Vorstädte, denn Berlin wuchs in einem Jahrhundert von 25.000 gegen Ende des 17. Jahrhunderts auf 150.000 im Jahre 1790 und 400.000 gegen Mitte des 19. Jahrhunderts. Mit dem zweiten vorgeschlagenen Spaziergang wollen wir uns der so genannten „Spandauer Vorstadt“ zuwenden.

Friedrich Nicolai zählte 1780 in der Spandauer Vorstadt schon 1.020 Vorderhäuser und 374 Hinterhäuser. Schon bald reichten auch diese Vorstädte nicht mehr aus.

Was waren das für Menschen, die in die Spandauer Vorstadt zogen? Hatten im 18. Jh. noch vorwiegend Ackerbauern, Handwerker, Tagelöhner und Dienstboten hier gewohnt, so siedelten sich Mitte des 19. Jh. im Zuge der Industrialisierung neben Schiffbauern und Arbeitern der Woll- und Seidenmanufakturen auch viele Zuwanderer hier an.

Man nennt die Gegend nördlich des Spandauer Tores fälschlicherweise das „Scheunenviertel“. Das klingt irgendwie nach „Schmuddelviertel“. Tatsächlich hat sich das Viertel seit den 20er Jahren dieses Jahrhunderts einen unguten Namen gemacht: Hier war schon damals ein Teil der Berliner „Szene“ zu Hause, hier blühten Straßenhandel und Prostitution, hier waren Kabaretts und weniger feine Etablissements angesiedelt – hier wohnten aber auch die Juden, die armen, die aus dem Osten vor Pogromen geflohen waren, ihre seltsame Kleidung und Haartracht trugen, ihre strengen religiösen Bräuche und ihre Traditionen pflegten. Es war immer schon eine arme Gegend mit engen, baumlosen Straßenzügen, unregelmäßigen Grundstücken und verwinkelten, dunklen Höfen.

In der Nazizeit blieb das „Scheunenviertel" „jüdisch verseucht" – bis die Synagogen brannten und vom Jüdischen Altersheim an der Großen Hamburger Straße aus tags und nachts die Massentransporte auf den Weg nach Auschwitz geschickt wurden. Auch in DDR-Zeiten blieb das Viertel eben das „Scheunenviertel" und es wurde fast nichts daran getan, hier eine Besserung der Wohnqualität zu erreichen. Das Viertel hatte nämlich das Pech und Glück zugleich, im zweiten Weltkrieg nicht so total zerstört worden zu sein, wie andere Viertel Berlins – z.B. das Nikolaiviertel. So blieben die alten, oftmals stuckreichen Häuser aus dem 18. und 19. Jahrhundert erhalten – und verkamen. In vielen Häuserfronten sieht man noch die Einschußlöcher der Granaten von den Straßenkämpfen um Berlin, z.B. am Pfarrhaus der Sophienkirche. Einiges riss man zu DDR-Zeiten ab, nicht nur Nicht-Rettbares, sondern vielfach auch Erhaltenswertes. Seit 1990 ist das gesamte so genannte „Scheunenviertel" – sprich: die Spandauer Vorstadt – als einziges Flächendenkmal Berlins unter Schutz gestellt und bis heute Sanierungsgebiet.

Das „Toleranzviertel"

Vom Bahnhof Hackescher Markt führt der Weg nach links in die Oranienburger Str. bis zur Großen Hamburger Straße. Hier sind wir nun im so genannten „Toleranzviertel", denn hier lebten und leben Christen verschiedener Konfessionen und Juden friedlich miteinander. Erstes Ziel ist die Jüdische Gedenkstätte an der Stelle des ehemaligen Jüdischen Altersheims, von dem aus die Deportationen nach Auschwitz erfolgt waren. Es ist ein trauriger Ort, ein Ort des Gedenkens. Eindrucksvoll ist hier die kleine Figurengruppe von Will Lammert, 1957 hier aufgestellt. Sie sollte ursprünglich im KZ Sachsenhausen aufgestellt werden.

Gleich dahinter ist das Gelände des ersten Jüdischen Friedhofs in Berlin, bereits 1672 errichtet, aber schon 1827 geschlossen. Ein bescheidener Grabstein erinnert hier an den großen jüdischen Philosophen und Aufklärer Moses Mendelssohn, der auch Lehrer an der benachbarten Jüdischen Knabenschule war. Der Friedhof wurde 1943 von der Gestapo zerstört und verwüstet. Die Jüdische Knabenschule ist jetzt ein Gymnasium und muss leider von der Polizei streng bewacht werden. Ein paar Schritte weiter, stehen wir vor dem Komplex der evangelischen Sophienkirche, 1712 erbaut. Man sagt, der Kirchturm sei der schönste Barockturm Berlins, der einzige barocke Turm übrigens, der die Jahrhunderte überlebte. Im Innern ist die Kirche des Baumeisters Johann Friedrich Grael recht schlicht. Es ist eine rechteckige Saalkirche, 1892 neobarock umgestaltet. Im Gemeindezentrum befindet sich das Ökumenische Frauenzentrum „Evas Arche", eine Sozial- und Bildungseinrichtung besonders für Frauen aller Konfessionen. Auch hat hier die Herrnhuter Brüdergemeine aus Neukölln eine kleine Kapelle, die sie für Gottesdienste nutzt. Hinter der Kirche ist der alte Sophienkirchhof, 1714 angelegt, auf dem u.a. der Historiker Leopold von Ranke begraben ist.

Auf der linken Seite der Großen Hamburger Straße sehen wir nun das Backsteingebäude des Katholischen St. Hedwig-Krankenhauses, die älteste katholische soziale Einrichtung nach der Reformation. Als 1843/44 die ersten Ordensschwestern für das Krankenhaus, Borromäerinnen aus Nancy in Frankreich, hier in Berlin eintrafen, war das für die Berliner eine kleine Sensation. Der älteste Teil des Krankenhauses, an der Gr. Hamburger Straße, entstand 1851 - 1854. Von hier aus haben katholische Ärzte so manchen jüdischen Menschen im Altersheim schräg gegenüber vor der Deportation gerettet, indem eine „unheilbare, ansteckende Krankheit" diagnostiert wurde. Das katholische Krankenhaus war, u.a. wegen seiner speziellen urologischen Abteilung, selbst zu DDR-Zeiten nicht nur geduldet, sondern sogar beliebt – und mancher SED-Genosse ließ sich hier seine Nieren behandeln.

Einige Meter weiter, hinter dem Krankenhaus und der Einmündung der Sophienstraße in die Große Hamburger Straße, gelangen wir nun zum Koppenplatz. Der Namensgeber, Stadtrat August Koppen, war im 18. Jahrhundert ein sozial engagierter Mensch und sorgte damals besonders für alte und „sieche" Menschen in Berlin, die ja damals noch keine soziale Unterstützung erhielten. Er ließ ihnen 1705 - 1708 an diesem Platz eine Heimat errichten – ein „Siechenheim", und schuf eine Armenbegräbnisstätte. 1739 wurde das Heim auch zum Hospital. Das 1853 erbaute Altersheim der „Hollmannschen Stiftung" besteht bis heute. August Stüler, der berühmte Schüler des Architekten Schinkel, errichtete hier für August Koppen und seine Familie ein Grabdenkmal mit vier korinthischen Säulen.

Wir überqueren am Ende des Koppenplatz nun die schon erwähnte Linienstraße. Von diesem Namen kommt der Name „Strich", denn hier „verkauften" sich schon damals junge Frauen zum Gelderwerb an Männer – und die Berliner nannten den Begriff Linie = Strich.

Wir gehen nun nach links in die Torstraße. Hier gibt es etwas Seltsames zu entdecken. Anfang der 30er Jahre entstand hier eine sog. „Hinterhofkirche", St. Adalbert, erbaut von dem berühmten Wiener Architekten Prof. Clemens Holzmeister, der auch die katholische St. Hedwigs-Kirche zur Kathedrale umgestaltete (Siehe Route 1). Von der Torstraße aus (zu DDR-Zeiten: Wilhelm-Pieck-Str.) sieht man nur einen breiten Toreingang. In der überraschend großen Kirche ist ein Kreuz, das an den Filmschauspieler Luis Trenker errinnert. Es ist ein Requisit aus einem seiner berühmten Bergfilme. Der Katholik Luis Trenker wohnte während seiner Filmaufnahmen in Babelsberg hier in der Nähe und schenkte das Kreuz der Gemeinde.

Von St. Adalbert aus zur methodistischen Erlöserkirche mit der methodistischen Superintendentur und der Diakonissenschwesternschaft Bethesda ist es nicht weit. Man geht zunächst rechts in die Gartenstraße, dann noch einmal rechts in die Schröderstraße. Die Methodisten gehören zu der Gemeinschaft der freikirchlichen Gemeinden. Hier residiert auch der methodistische Bischof.

Der weitere Weg führt über die Tieckstr. und die Borsigstr. zur Golgothakirche. In dieser um 1900 erbauten, in die Häuserzeile eingebauten Backsteinkirche ist das Zentrum der Evangelischen Studierenden-Gemeinde. Zu DDR-Zeiten war hier auch das „Sprachenkonvikt" der Kirchlichen Hochschule. Denn damals durfte man an den Hochschulen keine alten Sprachen wie Hebräisch, Griechisch und Latein studieren. Aber das brauchen Theologen nun mal. Der Rückweg führt nun über Linienstr. bis zum Alten Garnisonfriedhof an der Kleinen Rosenthaler Str. Dort ist ein Besuch des Grabes von Friedrich de la Motte-Fouqué (Hugenotte und Dichter/Schriftsteller, 1777 - 1843) empfohlen. In seiner Zeit gehörte er zu den beliebtesten Schriftstellern („Undine" wurde sogar von Carl-Maria von Weber zur Oper vertont). Über die Mulackstr. und die Alte- und Neue Schönhauser Allee führt der Weg zurück zum S-Bhf. Hackescher Markt.

Route 3:

Die Spandauer Altstadt mit dem mittelalterlichen Zentrum.

Wir wollen diesen ökumenischen Spaziergang durch die Spandauer Altstadt vor dem stattlichen Spandauer Rathaus (erbaut 1910-1912) beginnen. Dieser Repräsentationsbau zeigt etwas von der Größe und Bedeutung dieser mittelalterlichen Stadt, die viel älter ist als Berlin. Die Spandauer betonen stolz: „Als Spandau Stadtrechte hatte, war Berlin in noch keiner Urkunde erwähnt!“. Und die alten Spandauer, die – wenn sie meinten, sie führen „in die Stadt“, ihre eigene Altstadt meinen, und wenn sie über die Havel übersetzten, sie führen „nach Berlin“ – sie sind schon ein eigentümliches „Völkchen“, voller Lokalpatriotismus! Der Oberbürgermeister Dr. Koeltze bei der Grundsteinlegung des Rathauses bei seinen Hammerschlägen: „Es schütze uns des Kaisers Hand – vor Groß-Berlin und Zweckverband ...“

Spandau hat ja eine große Geschichte, und auch eine besondere Kirchengeschichte. Hier in Spandau stand die älteste christliche Kirche im Raum zwischen Elbe und Oder – im Jahre 980 auf dem Spandauer Burgwall erbaut. Man fand dort auch das älteste christliche Zeugnis in diesem Raum: die Prägeform des „Spandauer Kreuzes“, heute im Archäologischen Landesmuseum am Schloss Charlottenburg zu sehen.

Im Mittelalter gab es in Spandau das berühmteste und reichste Nonnenkloster der Mark Brandenburg, das Benediktinerinnenkloster St. Marien, das mit der Reformation unterging. Es befand sich unweit des heutigen Rathauses, südlich der Eisenbahn, etwa wo jetzt die Hauptpost steht.

Genau an dieser Stelle gab es im Mittelalter noch mehr Christliches zu entdecken. Da, wo jetzt das große Einkaufszentrum „Spandau-Arkaden" steht, war der bescheidene Steinbau des St. Georgs-Spitals. Hinter dem Wirtschaftshof des Klosters, noch außerhalb der Stadtmauern, gab es ein weiteres Spital, das „Hospital Zum Heiligen Geist". Durchschritt man dann das Stadttor, das Potsdamer Tor, das hier etwa auf der Höhe des Rathauses stand, sah man gleich zwei Kirchen. Links, am westlichen Rand der Stadt, stand die St. Moritz-Kirche, benannt nach dem im Mittelalter populären Heiligen Mauritius. Diese Kirche wurde seit der Reformation nicht mehr genutzt, als Lagerstätte genutzt und schließlich 1920 abgerissen. Nur der Name der Moritzstraße erinnert noch an sie, ebenso wie Reste der alten Stadtmauer am Viktoriaufer, denn für den Wiederaufbau dieses Stadtmauerteils benutzte man die Steine der alten Moritzkirche. In der heutigen Jüdenstraße (früher: Kinkelstraße) befand sich noch die Niederlassung des Franziskanerordens und in der Breiten Straße die des sog. „Kalandsordens", eine Bruderschaft von Priestern und Laien, die sich im Mittelalter besonders der Pflege von Armen und Bedürftigen verschrieben hatte.

Die St.Nikolaikirche in der Spandauer Altstadt war die bedeutendste in der Mittelmark Brandenburg. Hier empfing Kurfürst Joachim II. erstmals das Abendmahl in beiderlei Gestalt und setzte damit das Zeichen zur Einführung der Reformation in Brandenburg. Das war am Allerheiligen-Tag, dem 1. November 1530.

Für die St. Nikolaikirche sollte man sich einige Zeit nehmen. Schon 1240 wurde sie urkundlich als Marktkirche erwähnt. Die jetzige Gestalt erhielt sie dann im 15. Jahrhundert, als gotische Hallenkirche. Wer die Kirche betritt – in der Regel ist sie offen – wird vielleicht ein kleines Zettelchen vorfinden, auf dem u.a. ein Zitat von W. Faulkner zu lesen ist und zum Nachdenken einstimmt: „Wer durch hundert Kirchen eilte, hat nichts gesehen. Wer zehn Kirchen je eine Stunde besichtigte, hat einiges bemerkt. Wer eine Kirche viele Stunden wahrgenommen hat, ist Gott und der Welt und sich selbst auf die Spur gekommen". Nun, die Besucher sollen ja nicht gleich viele Stunden in St. Nikolai verweilen. Aber man sollte sich Zeit lassen, um diesen Gottesdienstraum mit seinem schönen gotischen Gewölbe auf sich wirken zu lassen.

Zum Beispiel mit der Ribbeckschen Kapelle an der rechten Seite, die von dem berühmten Geschlecht derer von Ribbeck auf Ribbeck im Havelland (Theodor Fontane) als Grabkapelle gestiftet wurde. Hier befindet sich die Kopie der „Spandauer Madonna“ von 1290 (das Original ist im Berliner Märkischen Museum). Ebenfalls sehenswert ist der Renaissance-Altar, gestiftet vom Baumeister der Spandauer Zitadelle, Graf Rochus zu Lynar, im Jahre 1582. Der Graf und seine Familie sind übrigens unter dem Hochaltar in einer Gruft bestattet.

Sie werden in dieser Kirche auch die reich geschnitzte Renaissance-Kanzel wahrnehmen, die aus reformatorischer (calvinistischer) Tradition stammt und eigentlich von Friedrich Wilhelm I. für seine Schlosskapelle in Potsdam angeschafft wurde. Er selbst soll darauf gestanden haben und von der Kanzel seiner Leibgarde, den berühmten „Langen Kerls“, ins Gewissen geredet haben.

Noch mehr gibt es in St. Nikolai zu entdecken. Zum Beispiel ein bronzenes Taufbecken aus vorreformatorischer Zeit, reich verziert, oder die Kreuzigungsgruppe an der linken Seitenwand, aus dem 16. Jahrhundert (1540). Wer dann noch Zeit hat, kann vielleicht noch auf den Turm steigen, von Karl-Friedrich Schinkel errichtet, im 2. Weltkrieg abgebrannt und seit 1987 in alter Größe und Schönheit wieder erstanden.

1987 war, wie schon erwähnt, das Jahr, in dem die Archäologen in Spandau die Ausmaße der ersten nachweisbaren Kirche in Brandenburg entdeckten. Sie war eine Saalkirche nach rheinisch-westfälischem Muster. Das Archäologische Landesamt hatte damals aber auch hier, mitten in der Altstadt, rund um die St. Nikolaikirche, angefangen zu buddeln. Mit Erfolg. Denn unmittelbar neben der St. Nikolaikirche fand man 1984/85 sowohl einen alten slawischen Friedhof aus der Zeit um 1200 mit etwa 400 Gräbern, als auch die Fundamente des ersten Dominikanerklosters in der Mark Brandenburg, etwa aus der Zeit um 1230. Beides war damals eine kleine Sensation. Bereits seit 1981 stand fest: Hier ist das einzige original erhaltene Bodendenkmal Berlins. Eigentlich sollte an dieser Stelle ein Hausneubau errichtet werden. Die Archäologen verhinderten den Plan, bzw. setzten durch, dass auf Stelzen gebaut wurde und die archäologischen Funde somit der Öffentlichkeit sichtbar bleiben. Diese Lösung ist in Berlin einzigartig. Man kann in den „Archäologischen Keller“ hineinblicken.

Viele der Gräber aus der Slawenzeit sind nachweisbar christliche Gräber. In der Zeit des ersten Markgrafen der Mark Brandenburg, Albrecht von Ballenstedt (genannt: der Bär) wurden nicht nur Neusiedler aus dem Westen des Deutschen Reiches hier angesiedelt, sondern auch viele aus der slawischen Bevölkerung getauft. Doch ihr Schicksal war schrecklich. Ihre eigenen Landsleute, die noch Heiden waren, schlugen ihnen die Schädel ein, wie Prof. Adriaan von Müller entdeckte. Die Skelette in den nach christlichem Brauch nach Osten gerichteten Grabanlagen, wiesen ausnahmslos eingeschlagene Köpfe auf.

Alte christliche Spuren können eben manchmal auch grausam sein!

Freundlicher schon ist die Geschichte der ersten Niederlassung der Dominikaner, hier am Rande dieses Friedhofs, unmittelbar neben der St. Nikolaikirche. Um 1230 entschloss sich dieser Mönchsorden, sich auch in Brandenburg niederzulassen. Spandau war damals schon ein bedeutender Ort am Zusammenfluss von Havel und Spree. Und die Dominikaner, die ein sog. „Bettelorden" waren, suchten sich für ihre Niederlassungen immer einen solchen bedeutenden Ort aus. Im gotischen Stil wurde hier an dieser Stelle das erste Kloster erbaut. 1239 brannte es nieder, wurde wieder aufgebaut und erst Ende des 13. Jahrhunderts zugunsten der Neugründung in der nun bedeutenderen Stadt Berlin-Cölln aufgegeben. Hier in Spandau verblieb eine so genannte „Terminei", also eine Zweigniederlassung.

Auf den Grundmauern des hiesigen Klosters, bzw. unmittelbar daneben, entstand später das „Heim-Haus". Dr. Ernst-Ludwig Heim war zu Beginn des 19. Jahrhunderts ein bekannter und beliebter Arzt. Über diesen Spandauer „Stadtphysikus" (Kreisarzt würde man heute sagen) gibt es viele Anekdoten. Er wohnte hier im sog. Offiziantenhaus am Reformationsplatz und fühlte sich in Spandau sehr wohl, vor allen Dingen die „Spandauer Mädchen" waren für Dr. Heim viel schöner und begehrenswerter als die Berliner Mädchen, heißt es.

Nun wenden wir uns – durch die schmale Kirchgasse gehend – dem „Gotischen Haus" zu. Es ist ein Stück sichtbares Mittelalter aus dem 15. Jahrhundert, das durch Zufall, im Rahmen der gewerblichen Wiederbelebung der Altstadt wieder entdeckt wurde. Hinter der klassizistischen Fassade entdeckte man 1992 kostbare gotische Gewölbe, die bei einem großen Stadtbrand 1788 verloren gingen, dann überbaut waren und nun wieder in alter Schönheit zu besichtigen sind. War es das Haus der schon erwähnten Kalands-Bruderschaft?

Geht man die Breite Straße weiter zur Straße am Juliusturm, sieht man auf der anderen Straßenseite eine Kirche, die auch ein Stück Spandauer Kirchengeschichte widerspiegelt. Es ist die katholische Kirche St. Maria am Behnitz, die zweitälteste katholische Kirche nach der Reformation im heutigen Erzbistum Berlin und die älteste Marienkirche. Zu ihr gab es im 19. Jahrhundert sogar Fußwallfahrten von Berlin über Moabit und sandige Wege bis nach Spandau! 1847/48 wurde sie vom Schinkel-Schüler August Soller erbaut, unter maßgeblicher Beteiligung des damaligen preußischen Königs Friedrich Wilhelm IV.

Für die Rückkehr der Katholiken in die Mark Brandenburg im 18. Jahrhundert sorgte der „Soldatenkönig" Friedrich Wilhelm I. Er brauchte für seine Gewehrfabriken in Spandau und Potsdam tüchtige Gewehrfacharbeiter, „Waffenschmiede", und die warb er im katholischen Lüttich in Belgien. Diese kamen aber nur unter der Bedingung, dass sie „freie Religionsausübung mit einem Priester und eine Kirche" erhielten. Das sagte der König ihnen zu. Und so wurde auf dem Gelände der Spandauer Gewehrfabrik 1722 die erste katholische Kapelle (aus Fachwerk) gebaut. Das war die erste katholische Kirche nach der Reformation. Auf dem Fabrikgelände war es ständig sumpfig und feucht, so dass nach kurzer Zeit das Holz der Fachwerkkirche zu faulen begann. Nach wenigen Jahren musste erneut ein Fachwerkbau errichtet werden. Aber auch das war nur ein Provisorium. Der Spandauer Magistrat verwehrte den Katholiken in ihrer Stadt die Nutzung der alten St. Moritz-Kirche, um die sie gebeten hatten. Und so kam es im 19. Jahrhundert zu diesem neuen kirchlichen „Superlativ" in Spandau. Die feierliche Weihe der Kirche St. Maria am Behnitz fand am 21. November 1848, dem Fest Maria Gnaden, durch Weihbischof Latussek aus Breslau statt. Es war das erste Mal nach der Reformation, dass ein katholischer Bischof im evangelischen Preußen eine solche Zeremonie durchführte.

1894/95 entstanden die Altäre in der Breslauer Werkstatt C. Buhl, eine neue Ausmalung und die Kanzel. Nach dem Bau der neuen Spandauer katholischen Kirche „St. Maria, Hilfe der Christen" 1910 wurde die „Behnitzkirche" überwiegend als Garnisonkirche genutzt und erhielt eine neue Ausmalung u.a. mit den Heiligen der Soldaten, St. Georg und St. Mauritius. Nach dem Kriege, als die Kirche nach der Zerstörung der großen St. Marienkirche wieder als „Ersatzkirche" für die Spandauer katholische Gemeinde diente, wurde sie noch einmal gründlich restauriert und umgestaltet. Aber auch die Renovierung Mitte der 60er Jahre, bei der alle Ausmalungen getilgt und überweißt wurden, konnte letztendlich die Kirche nicht retten. Zudem gab es im Februar 1970 noch einen Schwelbrand, der die Orgelempore und das Dach vernichtete.

Noch gehörte die Kirche zum Bundeseigentum, als Nachfolger der Reichsmilitärverwaltung. 1995 wurde sie an das Erzbistum Berlin verkauft. Doch die kirchliche Verwaltung konnte die hohen Kosten für die grundlegende Sanierung und Renovierung nicht aufbringen. Sie trachtete danach, dieses „ungeliebte Objekt" so schnell als möglich wieder zu verkaufen. Es boten sich zwei Interessenten an: die rumänisch-orthodoxe Gemeinde in Berlin, die dringend ein Gotteshaus suchte, und ein privater Käufer, das Ehepaar Hannelore und Helmut Kißner aus Neukölln, das das Gotteshaus in der bisherigen Gestalt erhalten wollte, um es für Gottesdienste und Konzerte zu nutzen. Dem Ehepaar Kißner ging es nicht um das Geld, sondern um den Erhalt einer alten Kirche, die sonst dem Verfall preisgegeben wäre. Für 500.000 Euro kaufte das Neuköllner Ehepaar die Kirche, mit der Versicherung, das Gotteshaus nicht zu profanisieren, sondern weiterhin als solches und für kulturelle Veranstaltungen wie Orgelkonzerte zu nutzen. Über die weiteren Investitionen der Restaurierung durch Fachleute aus dem heute polnischen Breslau, über die Neugestaltung der Fenster und Wandgemälde, vor allem aber über die neue Orgel aus der berühmten Orgelwerkstatt Schuke in Potsdam mit 35 Registern, zwei Manualen und einem Pedal, die die ganze Chorempore ausfüllt, schweigt sich Helmut Kißner aus. Es sind sicher Millionen Euro, die er in dieses Objekt investierte. Am 7. Dezember 2003 wurde die Kirche vom Berliner katholischen Erzbischof, Kardinal Georg Sterzinsky, neu eingeweiht.

In der Umgebung der Kirche kann man noch ein Stück mittelalterliches Spandau erleben: der „Behnitz" und der „Kolk" sind Reste einer Fischersiedlung, und am Möllentordamm bildeten sechs Grundstücke sogar eine eigenständige Dorfgemeinde namens „Damm", die bis 1875 bestand. Hübsche Fachwerkhäuser kann man hier noch entdecken. Aber auch das klassizistische „Heinemann-Haus" (1770-80 erbaut), benannt nach dem Komponisten Wilhelm Heinemann, der hier wohnte. Geht man nun vor in Richtung Falkenseer Platz, stößt man auf einen Graben, der Rest eines Havelarms namens der „Deutsche Rhein" . 1912 wurde dieser Havelarm weitgehend zugeschüttet, denn hier wurde die Spandauer Stadtbefestigung mit dem Oranienburger Tor errichtet. Auch davon sieht man nicht mehr viel. Ein kurzes Stück mittelalterlicher Stadtmauer blieb dennoch erhalten und kann an der Straße „Hoher Stein" bewundert werden. Am U-Bhf. Altstadt Spandau endet der Rundgang durch das Zentrum Spandaus.

Route 4:

Die Wilhelmstadt – als ökumenisches Zentrum

Spandaus Kirchengemeinden bieten im Kleinen wie im Großen noch viel mehr „Superlative" die bemerkenswert sind. Zum Beispiel die evangelische Dorfkirchengemeinde in Staaken. Pfarrer Norbert Rauer hatte bei seiner Seelsorgsarbeit auf Rügen den italienischen Maler Gabriele Mucchi kennengelernt, einen italienischen Kommunisten. Der schuf dann für die Staakener Dorfkirche ein eindrucksvolles Kreuzigungsgemälde zum Thema „Versöhnte Einheit".

Dieser Geist der Versöhnung zwischen den Konfessionen, deren Repräsentanten alle unter dem Kreuz Christi stehen, ist bemerkenswert: Da stehen Martin Luther und seine Frau Katharina von Bora ebenso unter dem Kreuz wie Johannes Calvin, Ulrich von Zwingli, Erasmus von Rotterdam, Ignatius von Loyola (!), Nikolaus Kopernikus, und andere Zeitgenossen des 16./17. Jahrhunderts.

Versöhnung zwischen den Konfessionen – das ist in Spandau ebenso zu erleben wie Versöhnung zwischen den Völkern. Nicht weit von der Staakener Dorfkirche, im Neubaugebiet an der Heerstraße, in der Maulbeerallee, findet man einen eindrucksvollen Kirchbau, die St. Maximilian-Kolbe-Kirche, die der Versöhnung zwischen dem deutschen und dem polnischen Volk dient. Das Gotteshaus trägt den Namen eines polnischen Franziskanerpaters, der im KZ Dachau eingesperrt war und sich bei einem Appell für einen polnischen Familienvater aufopferte, und für ihn in den Todesbunker ging: Maximilian Kolbe. Die Kirche am Westrand Spandaus, 1975 von einem polnischen Bischof geweiht, dem späteren Erzbischof von Stettin, Marian Przykucki, ist bis heute ein Symbol der deutsch-polnischen Versöhnung und hält das Gedenken an diesen – mittlerweile von der katholischen Kirche heiliggesprochenen – Pater bis heute wach.

Ziel des Spaziergangs soll aber die Wilhelmstadt sein, südlich der Spandauer Altstadt gelegen, zwischen Klosterstraße und dem Südpark.

Die Klosterstraße, über die man südwärts geht, erinnert an das erste Benediktinerinnen-Kloster St. Marien (siehe Route 3 – Spandauer Altstadt). An der Ecke Klosterstraße / Brunsbütteler Damm befand sich schon seit 1872 eine Ausflugsgaststätte namens „Wilhelmsgarten". Es war ein Gartenrestaurant. 1980 wurde schräg gegenüber die Post erbaut. Auch das Gelände des ehemaligen Güterbahnhofs hat sich verändert. Hier ist einer der großen „Konsum-Tempel" entstanden: die „Spandau-Arkaden".

Die Klosterstraße hinuntergehend, kommt man zum so genannten Spandauer Burgwall (links, havelseitig). Seit 1560 war hier der Wohnsitz der Spandauer Fischer, die nach einem Brand 1813 auf den Tiefwerder übersiedelten. Hier haben Archäologen 1984 - 1987 umfangreiche Ausgrabungen gemacht. Man fand u.a. die älteste Kirche zwischen Elbe und Oder aus dem Jahre 980 dort. (siehe Route 3 – Spandauer Altstadt).

Rechter Hand sehen wir ein villenähnliches Anwesen. Baumschulenbesitzer Otto Schultze baute sich hier eine Villa 1911 an der Wilhelmstraße. Hier war das das „Wesley-House", der Methodistischen Gemeinde, heute eine Zahnklinik.

Auf der anderen Seite: der Ziegelhof. Er erinnert an die Ziegelei, die der Rat der Stadt 1672 auf dem Gelände der „Lynarschen Weinberge" anlegen ließ.

Nun kommen wir in die eigentliche Wilhelmstadt, die seit 1897, dem 100. Geburtstag des ersten deutschen Kaisers, Wilhelm I., so heißt. Nach dem deutsch-französischen Krieg 1870/71 begann hier, in der so genannten Potsdamer Vorstadt von Spandau eine rege Bautätigkeit. Die „wilhelminische" Erweiterung der Stadt, nachdem die Stadt- und Festungsmauern gefallen waren, ging rapide voran: 1880 hatte Spandau 29.311 Einwohner, 1900 bereits 65.030. Das neue Wohnviertel mit den vielen Kasernen und dem neu gebauten Militärgefängnis (1878/79 erbaut) war schon bald ein wichtiger Bestandteil des Stadtentwicklungsprozesses von Spandau. An der Pichelsdorfer Straße entstanden die ersten Bauten, zunächst noch aus Fachwerk. Um die Jahrhundertwende, etwa ab 1902, ging die rege Bautätigkeit auch im Bereich zwischen Wilhelm-, Krowel- und Weißenburger Straße los. Es entstanden die heute durchaus noch ansehnlichen Mietshäuser im Stil der Gründerzeit, z.T. auch im sog. Jugendstil.

Bevor wir die Schmidt-Knobelsdorff-Kasernen erreichen (erbaut 1914 - 1916, nach dem Kriege: „Brooke Barraks" der britischen Schutzmacht), sehen wir noch einen hübsch-hässlichen Zweckbau: das Bildungszentrum, erbaut 1974. Dort besitzt die Volkshochschule Spandau Lehr- und Vortragsräume. An der Seecktstraße: das ehemalige Heeresbauamt (1935-36) und die Seecktkaserne (in der britischen Besatzungszeit: „Wavell-Barraks"). Die für britische Soldatenfamilien gebauten Häuser gegenüber wurden nach der Wende an Zuzügler aus Westdeutschland vermietet.

Übrigens: Generalleutnant von Seeckt und Generalleutnant von Schmidt-Knobelsdorff waren hochverdiente Offiziere in der Kaiserzeit, letzterer war von 1889 bis 1893 Kommandant von Spandau. Die Schmidt-Knobelsdorff- Kasernen waren die bedeutendsten der britischen Besatzungsmacht zwischen 1946 und 1990.

Wenden wir uns nun dem Melanchthonplatz mit der Melanchthonkirche zu. Es ist der älteste Sakralbau der Kaiserzeit: Am 2. Mai 1893 war die Grundsteinlegung und am 15. Dezember des gleichen Jahres bereits die feierliche Einweihung. Seit 1916 war sie die Kirche der selbständigen Pfarrgemeinde der Wilhelmstadt, nach 1945 zeitweilig Militärkirche für die Briten. Das Seniorenwohnheim an der Adamstraße (dahinter) geht in seinem Kern auf das Jahr 1897 zurück,1931 und 1953 wurde es erweitert.

Wo aber stand denn nun das „Kriegsverbrechergefängnis"? Von ihm ist nichts mehr zu sehen. Nach dem Tode des letzten Gefangenen, Rudolf Hess, haben die Briten es total bis auf die Grundmauern niedergerissen. Ein Stück Kriegs- und Nachkriegsgeschichte ging damit zu Ende. Ursprünglich waren es 1946 noch sieben Gefangene, die hier von den vier Alliierten in trauter Einheit (selbst in der Zeit des Kalten Krieges) schwer bewacht wurden. Das ehemalige Militärgefängnis stand auf dem Gelände der ältesten Kaserne in der Wilhelmstadt, der so genannten Trainkaserne (erbaut 1885/86). Die Briten nannten sie nach dem Kriege „Smuts Barraks". Nach dem Abriss errichteten die Briten an gleicher Stelle ein Einkaufszentrum (heute: „Kaiser's Verbrauchermarkt").

Wir gehen aber nicht hinüber, sondern durch die Adamstraße und Földerichstraße zur Weißenburger Straße, um die katholische Kirche der Wilhelmstadt zu besuchen. Wie sollte sie auch anders heißen als St. Wilhelm! Nanu? Ist denn der olle Kaiser Wilhelm schon heiliggesprochen? So werden Sie jetzt vielleicht denken. Aber der Wilhelm ist nicht heilig. Patron der katholischen Gemeinde ist vielmehr der hl. Wilhelm von Aquitanien

(754 - 812), ein Karolinger-Herzog, der sich im Kampf gegen die Sarazenen Verdienste erwarb, dann aber die Waffen niederlegte und Mönch wurde. Er wurde ein demütiger Benediktiner und gründete in Spanien sogar ein Kloster, wo er dann auch starb. Dennoch wird der heilige Wilhelm als Patron der Waffenschmiede und Festungsingenieure verehrt. So ist es also kein Wunder, dass man ihm in der Garnisons- und Festungsstadt Spandau, besonders in der Wilhelmstadt, eine Kirche weihte.

Als in den 20er Jahren die katholische St. Marien-Gemeinde in Spandau auf über 12.000 Katholiken angewachsen war, entstanden Pläne für diese katholische Gemeinde – eben hier in der Wilhelmstadt. Die St. Marien-Gemeinde erwarb 1929 eine ehemalige Kiesgrube an der Weißenburger Straße. Noch heute liegt der Boden dieser Kiesgrube sichtbar zweieinhalb Meter unter dem Straßenniveau. Dort hinein wurde die erste St. Wilhelm-Kirche gebaut, im Stil einer alten märkischen Dorfkirche.

Doch dann kam die Zeit des 2. Vatikanischen Konzils und die Zeit der Um- und Aufbrüche in der katholischen Kirche. Ein neues Gotteshaus muss her, dachte der damalige Pfarrer Rudolf Müller, ein ganz modernes und der Liturgiereform entsprechendes. So wurde die St. Wilhelm-Kirche mit Gemeindezentrum errichtet, die von außen an eine Schwimmhalle erinnert. Den würfelförmigen Bau hat der Trierer Architekt Ulrich Craemer 1965 entworfen.

Wir gehen nun weiter zur Pichelsdorfer Straße und nach rechts hinunter – über die Adamstraße hinweg zur Jaczostraße. Der Fürst Jaczo von Köpenick war zwar ein Verwandter, aber ein Widersacher von Albrecht von Ballenstedt („der Bär"). Er war zwar auch schon Christ geworden, aber die Sage erzählt von ihm, er habe, nachdem ihn Albrecht verfolgt habe, erst an der Havel geschworen, wenn er sicher über die Havel komme, sein Schwert und Schild niederzulegen, um sich taufen zu lassen. Die Halbinsel Schildhorn erinnert an diese Sage. Auch ein dort befindliches Denkmal.

Am Südpark, Baumertweg 2, befindet sich die "Gnadenkirche", eine von drei evangelisch-freikirchlichen Gemeinden (Baptisten) in Spandau, die am 7. Mai 1961 feierlich eingeweiht wurde. Die Baptisten in Spandau feierten 2002 ihr 100-jähriges Jubiläum. In Berlin, wie auch in der Bundesrepublik, sind die Baptisten die Freikirche mit der größten Mitgliederzahl.

Hier am Südpark endet der Ökumenische Weg durch Spandaus Süden. Verschiedene Buslinien auf der Heerstraße bringen Sie in kurzer Zeit ins Berliner Zentrum zurück.

Route 5:

Spandaus Norden – von der Neustadt bis nach Hakenfelde

Der Beginn dieses Spaziergangs knüpft an Route 3 durch die Spandauer Altstadt an. Der Weg beginnt am U-Bhf. Altstadt Spandau. Nördlich davon war die Fischersiedlung „Damm". Die Straße Am Behnitz vor der Kirche erhielt ihren Namen von der ursprünglich slawisch-wendischen Siedlung „Bens" (datiert um 1240). Der Kolk dagegen ist ursprünglich eine Ausbuchtung der Havel gewesen. Südlich des Kolks ging die bereits in der Stadtgründungsurkunde von 1232 erwähnte „Flutrenne" vorbei. Bis zum 19. Jahrhundert hieß sie etwas überheblich der „Deutsche Rhein". Als die Burg, später die Zitadelle, erbaut wurde, mussten die dort lebenden wendischen Fischer umgesiedelt werden. Sie gründeten hier eine neue Siedlung. Sie nannte sich „Damm" und war lange selbständig – bis 1875.

Hier war das Oranienburger Tor (am Mühlengraben), das 1881 abgebrochen wurde. Der alte Straßenzug in Richtung Neuendorfer Straße wurde dann weiter westlich verlegt. Dort stand bis zu ihrer Kriegszerstörung 1945 auch die evangelische Garnisonskirche, eine neugotische Kirche, 1890 eingeweiht. Nach dem Kriege stand die Ruine der Kirche mit dem Patronat des heiligen Johannes, dem Patron der Soldaten, noch. Man überlegte, sie wieder aufzubauen. Doch die „moderne Stadtplanung" der 50er Jahre stand dem im Weg. „Die Zukunft gehört dem Autoverkehr", war die Meinung der Stadtplaner damals. Es musste hier eine Umgehungsstraße mit einem weitläufigen Platz, dem Falkenseer Platz, errichtet werden. Die Spandauer Garnisonkirche wurde also – früher als die berühmte Potsdamer Garnisonskirche – am 4. Oktober 1950 gesprengt.

Wir gehen jetzt weiter zum Wröhmännerpark. Was für ein seltsamer Name! Die Spandauer konnten sich nie mit diesem Namen anfreunden.

Für sie ist das noch immer der „Hafenplatz". Wer waren eigentlich die „Wröhmänner"?

Zwischen der Glacis der alten Stadtbefestigung vor dem Oranienburger Tor, der Havel und dem Weg nach Niederneuendorf mit der Viehtrift (daher: Triftstraße) erstreckten sich Wiesen, auf denen im 18. Jh. Spandauer Ackerbürger Pferde weideten, die sie zur Verfolgung von Deserteuren vom Regiment des Prinzen Heinrich bereitstellen mussten. Die Pferdehalter waren zumeist auch „Wröhmänner", d.h. Mitglieder der Ackerbürger-Kommune, die Feldbestellungs- und Grenzstreitigkeiten usw. in freiwilliger Gerichtsbarkeit regelten. Auch als das Halten der Pferde aufhörte, nutzten die Wröhmänner die Wiesen weiter. Die Stadtverordnetenversammlung hielt aber 1824 eine weitere unentgeltliche Überlassung an die Wröhmänner nicht mehr für vertretbar. Die Wröhmännerwiesen wurden diesen dann 1829 entzogen und an den Meistbietenden verpachtet. 1875 wurden sie mit dem Sand der abgetragenen Schülerberge aufgehöht und als Lagerstätte genutzt. An deren Stelle wurde 1913/14 der Wröhmännerpark geschaffen. Eine Badeanstalt wurde 1877 errichtet (sie bestand bis zu ihrer Zerstörung im 2. Weltkrieg). Auch auf der anderen Seite der Oberhavel, an der Zitadelle gab es eine Badeanstalt. Im Zuge eines alten Treidelweges am Rande der Wröhmännerwiesen wurde eine neue Straße angelegt und Wröhmännerstraße genannt.

Die Bebauung erfolgte zwischen 1892 und 1908. Die Feuerwache an der Triftstraße entstand 1926 im Stil der neuen Bauhaus-Architektur. Am Ende der Straße gab es früher sogar einen Schiffsbauplatz, später eine Fährverbindung hinüber zur Zitadelle, zum nicht mehr existierenden „Café Venezia". Aber diese Zeiten sind vorbei. Das Café brannte ab, die Fähre machte pleite, und das große Gelände der ehemaligen Schultheiss-Brauerei (hier wurde das berühmte „Patzenhofer-Pils" gebraut) wurde vollkommen umgebaut.

Wir gehen aber jetzt nach links in die Jagowstraße. Hier befindet sich seit 1904 eine Kapelle der Evangelisch-Freikirchlichen Gemeinde (Baptisten). Sie war die erste Niederlassung der Baptisten in Spandau und wurde zehn Jahre später noch etwas erweitert. Die Baptisten haben mittlerweile fünf Einrichtungen in Spandau. Die bedeutendste ist die Gnadenkirche am Spandauer Südpark (siehe Route 4).

Hinter der Kirche breitet sich der Koeltzepark aus, in Erinnerung an den berühmten Spandauer Oberbürgermeister Dr. Friedrich Koeltze, der sich – wie im 1. Spandauer Ökumenischen Spaziergang (Route 3) erwähnt, gegen die Eingemeindung Spandaus nach Groß-Berlin noch heftig gewehrt hatte. Der Koeltzepark war ursprünglich der erste Spandauer Stadtfriedhof. Weiter westlich, an der Schönwalder Straße, steht das Evangelische Gemeindezentrum „Paul-Schneider-Haus", das Zentrum der evangelischen Gemeinde der Neustadt.

Bleiben wir aber auf der Jagowstraße, gelangen wir nach wenigen hundert Metern zum zentralen Platz der Spandauer Neustadt, dem Lutherplatz, in dessen Mitte die stattliche Lutherkirche steht. Dieser interessante Kirchbau im neoromanischen Stil wurde 1895/96 von dem Architekten Fritsche erbaut Es ist die Hauptkirche der evangelischen Christen hier in der Neustadt. Sie geriet aber Mitte der 80er Jahre des vergangenen Jahrhunderts in die Schlagzeilen der Medien, weil die evangelische Kirche damals eine Neubesinnung über ihre Großkirchen der Jahrhundertwende (19./20. Jh.) anregte. In mehreren Seminaren in der Evangelischen Akademie Berlin diskutierte man schon damals über „neue Nutzungen von alten Kirchen", eine Diskussion, die mittlerweile auch in der römisch-katholischen Kirche geführt wird. Wie kann man Gotteshäuser nutzen, die im Unterhalt viel zu kostspielig sind und am Sonntag nur noch von wenigen Gläubigen zu Gottesdiensten aufgesucht werden? Ende der 80er Jahre wurde die Lutherkirche in vier Bauabschnitten völlig umgebaut: Soziale Wohnungen entstanden in der „Hülle" des Gotteshauses, sowie ein Begegnungszentrum für die Bewohner der Umgebung, die mittlerweile zum großen Teil Ausländer muslimischen Glaubens sind. Ein kleiner Raum blieb der evangelischen Gemeinde für Gottesdienste. Ein umstrittenes, aber mittlerweile doch weitgehend akzeptiertes Projekt!

Schräg gegenüber, an der Lynarstraße, befindet sich Spandaus ältestes Städtisches Krankenhaus, heute zum „Vivantes"- Konzern gehörig.

Die Hügelschanze, früher Birkenstraße, führt – als westliche Verlängerung der Lynarstraße – direkt in das Gebiet der früheren Spandauer Ackerbürger. Hier erinnern noch Straßen wie Ackerstraße oder Feldstraße an diese Zeit. In der Ackerstraße steht ein seltsames kleines Gotteshaus: die Kirche der katholisch-apostolischen Gemeinde. Sie entstand im 19. Jahrhundert – als Abspaltung von der altkatholischen Kirche, die wiederum im Widerstand gegen das 1. Vatikanische Konzil 1870 und die Lehre von der „Unfehlbarkeit des Papstes" gegründet wurde. Die katholisch-apostolische Gemeinde ist heute eine unbedeutende Sekte, aus der sich wiederum die

„Neuapostolische Kirche“ entwickelte. Unweit davon, an der Hügelschanze, hat in den 70er Jahren die „Kirche Jesu Christi der Heiligen der letzten Tage“ („Mormonen“) ein Gemeindezentrum erbaut.

Unser Weg führt aber nach Norden weiter über die Földerichstraße zum Klinkeplatz. Er trägt seinen Namen nach dem Pionier Klinke, der bei der Erstürmung der Düppeler Schanzen 1854 im Deutsch-Dänischen Krieg eine entscheidende Rolle spielte. Der Platz heißt seit 1937 so. Hinter dem Platz beginnt die so genannte Spandauer Stadtheide, auch Stadtpark genannt, mit altem Eichenwald-Bestand. Linker Hand eine der ältesten Villengegenden Spandaus („das vornehme“ Spandau). Am Ende, kurz vor dem Stadtwald, sehen wir ein romantisches, unter Denkmalschutz stehendes Försterhaus. Gegenüber beginnt die Cautiusstraße. Seit 1965 heißt sie so. Sie erinnert an den Spandauer Bürgermeister Ernst Gottlieb Cautius (+ 1705), der in der Nähe eine Meierei anlegte, die die erste Ansiedlung und Keimzelle des späteren Ortsteils Hakenfelde wurde. Die Tochter des Cautius heiratete nämlich den Kaufmann Johann Ludwig Haake, nach dem das Anwesen „Haakes Meierei“ und später die ganze Gegend „Hakenfelde“ genannt wurde. Die Meierei lag weiter östlich, an der Streitstraße.

Hier aber stoßen wir wieder auf christliche, ökumenische Spuren. Denn unweit der Einmündung der Cautiusstraße in die Schönwalder Allee sehen wir rechts ein modernes Gemeindezentrum der katholischen Kirche: St. Lambertus.

Noch einmal zurück zu dem Ortsteil Hakenfelde:

Der englische Gesandte am Berliner Hof, Sir Sackville-West, kaufte die Meierei 1857 und richtete das Landhaus zu einem entzückenden Lustschlösschen her, das er der seinerzeit berühmten Tänzerin Pepita de Oliva, die mit großen Erfolgen an der Berliner Oper auftrat, schenkte. Ein Vergleich mit der jüngsten Vergangenheit, der Affäre um den Schweizer Botschafter Thomas Borer, tut sich da auf. Damals wie heute gab es eben auch galante Herren, die Geschmack und Stil gegenüber dem weiblichen Geschlecht zeigten! Dieses Anwesen hier nannte sich „Pepita‘s Ruh“. Die Tänzerin wohnte hier bis 1861. Dann wurde das Schlösschen verkauft und ein beliebtes Ausflugslokal zog ein. Es war nicht das einzige hier in Hakenfelde. Ein zweites hieß „Lindengarten“, ein drittes an der Hakenfelder Straße war „Loebel“. Alle hatten einen Kaffee- und Biergarten, Kegelbahnen, Festsäle usw. „Loebel“ überlebte als einzige Ausflugsgaststätte mit Festsälen den 2. Weltkrieg. Doch Anfang Februar 1947 während einer Faschingsveranstaltung der katholischen Spandauer Gemeinde gab es eine große Brandkatastrophe, bei der einige Dutzend Menschen umkamen. Auf dem Spandauer Friedhof erinnert noch eine Gemeinschaftsgrabstelle an diese schreckliche Katastrophe.

Zurück nach St. Lambertus an der Cautiusstraße. Der Name hat auch etwas mit der Spandauer Kirchengeschichte zu tun. Der heilige Lambertus war nämlich der Patron der Stadt und der Kirche Lüttichs. Von dort her kamen 1722 die ersten katholischen Gewehrfacharbeiter, auf Anwerben des damaligen preußischen Königs Friedrich Wilhelm I. (siehe Route 3 – Spandauer Altstadt).

Die Wurzel dieser Gemeinde liegt in der Hakenfelder Waldsiedlung, im Haus St. Elisabeth. Am 17. Juni 1928 wurde hier, inmitten der Waldsiedlung, ein katholisches Wohnheim „für erwerbstätige Mädchen" errichtet. Zu verdanken war das dem damaligen Spandauer katholischen Pfarrer Victor Schiwy. Der Bau enthielt eine relativ große Kapelle, weil bereits damals daran gedacht wurde, hier ein Seelsorgezentrum für die Katholiken des Spandauer Nordens einzurichten. Die „Grauen Schwestern von der hl. Elisabeth" übernahmen als Träger das Heim. Schon bald wurde aus dem Mädchen- ein Altersheim – ein Wohn- und Erholungsheim für alte Menschen. Am Anfang der 30er Jahre entwickelte sich hier auch eine Seelsorgestelle. Doch seelsorglich selbständig als Kuratie wurde die St. Elisabeth-Gemeinde erst 1953. Die ersten Kuraten waren Karl Ernst Kuhn und Franz Busch. 1971 kam eine Krise. Es war die große nachkonziliare Aufbruchphase. Nach dem Tode von Kuratus Busch wollte man die Kuratie St. Elisabeth wieder auflösen, denn kein Diözesanpriester wollte hier hinaus „aufs Dorf". Das Schicksal dieser Berliner Randgemeinde schien besiegelt.

Doch Gott wollte es anders. Es entstanden Neubaugebiete in Hakenfelde. Viele junge Familien zogen plötzlich hier hinaus. Und ein junger, damals 35-jähriger Pfarrer namens Dieter Wortmann, meldete sich freiwillig und zog 1973 hierher nach Hakenfelde, um ganz neu eine lebendige katholische Gemeinde aufzubauen.1974/75 entstand das großzügige neue Gemeindezentrum. Über 2.000 Gemeindemitglieder gehören heute zur St. Lambertus-Gemeinde. Pfarrer Wortmann, der damals so beliebte und engagierte Geistliche, ist nicht mehr hier. Er hat geheiratet und ist heute Familienvater.

Die „Grauen Schwestern" im St. Elisabeth-Heim sind auch nicht mehr da. Aus Nachwuchsmangel gaben sie die Niederlassung hier bereits 1984 auf. Doch das vom Caritasverband geführte, renovierte Heim hat nach wie vor Ordensschwestern. Sie kommen nun aus Indien und gehören zur Kongregation der „Franziskanerinnen vom Unbefleckten Herzen Mariens" mit dem Mutterhaus in Quilon, Bundesstaat Kerala in Indien. Das alte St. Elisabeth-Heim wurde nach dem neuesten Standard modernisiert und im Inneren völlig umgebaut und neu gestaltet.

Am Rande der Waldsiedlung, unweit des St. Lambertus-Gemeindezentrums, steht eine weitere interessante Kirche, die evangelische Wichern-Kirche, in der gleichnamigen Straße. Johann Hinrich Wichern war im 19. Jahrhundert einer der großen evangelischen „Sozialapostel", vergleichbar katholischerseits mit Adolph Kolping. Die Kirche hier, am Berliner Stadtrand, hat eine eher merkwürdige Geschichte. Zweimal musste dieses kleine Fachwerk-Gotteshaus „verpflanzt" werden. Das erste Mal entstand sie als Westend-Kapelle am Charlottenburger Fürstenbrunner Weg. 1896/97 wurde sie erbaut. Dann wurde sie mit dem Bau der Epiphanienkirche in Charlottenburg überflüssig und kam dann als erste Kirche in die Siemensstadt (1908). Als dann dort die große Evangelische Kirche am Schuckertdamm errichtet wurde, war sie schon wieder „überflüssig". Man zerlegte sie in ihre Einzelteile. Aber dann war sie doch wieder gefragt. Seit 1932 steht sie nun an ihrem jetzigen Platz. Der langgestreckte Fachwerkbau ist übrigens ein Werk des Spandauer Architekten Fritz Kühne aus Pichelsdorf. Neben der Kirche befindet sich auch ein 1970/71 errichtetes Gemeindezentrum mit Kindertagesstätte. Und es soll nicht vergessen werden: Die ökumenischen Kontakte zur nahen katholischen St. Lambertus-Kirche sind nach wie vor recht eng!

Ein schöner Waldspaziergang führt uns nun direkt zur größten sozial-diakonischen Einrichtung in Mitteldeutschland: das St. Johannesstift am Rande des Spandauer Stadtwaldes, von Johann Hinrich Wichern 1858 zunächst in Berlin-Moabit und Plötzensee gegründet. Seit 1910 befindet sich es an diesem Standort. 60 Häuser für Bedürftige stehen hier auf einem Gelände von 75 Hektar: Heilpädagogik, Jugend- und Seniorenarbeit, Schul- und Berufsförderung, ein Krankenhaus für akut- und chronisch Kranke, Lehrlingsausbildung, aber auch Tagungsservice und Gästebetreuung.

Die Stiftskirche im Mittelpunkt ist ein eindrucksvoller Bau aus dem Jahre 1910, errichtet von dem Charlottenburger Architekten Otto Kuhlmann.

Hier findet übrigens auch die Ausbildung der künftigen Organisten statt, die über die Ev. Kirchenmusikschule ihr Organistenexamen machen wollen, denn die Orgel der Stiftskirche ist weltberühmt.

Hier im St. Johannesstift endet dieser Weg. Man kann von hier direkt mit dem Bus 145 nach Berlin, zum Bahnhof Zoo zurückfahren.

Route 6:

Die 300-jährige Residenzstadt Charlottenburg – vom Lietzensee zum Schloss.

Einführung:

Charlottenburg? Die Berliner und ihre Gäste denken da zunächst an das bekannte Schloss, das sich Kurfürstin Sophie Charlotte nahe dem Dorf Lützow auserkor, nachdem sie ihren Sommersitz Caputh bei Potsdam nicht mehr besonders mochte. Das war 1695. Zum Berliner Schloss gab es zwar eine direkte Verbindung über die Spree, aber sonst war das eigentlich eher eine trostlose Gegend. Verkehrswege über Land mussten erst noch erschlossen werden. Ihr „Sommerhaus" wurde nach Plänen des preußischen Baurats Johann Arnold Nering in einer Bauzeit von vier Jahren 1699 vollendet, 1702 von Eosander erweitert. Nach dem Tode der Kurfürstin und späteren Königin Sophie Charlotte, 1705, wurde dieses Anwesen hier nach ihr „Charlottenburg" genannt. Im gleichen Jahr wurde auch die Stadt Charlottenburg gegründet, die 2005 selbstbewusst ihr 300-jähriges Jubiläum feierte, obwohl sie seit 1920 einer der Bezirke Berlins ist, jetzt mit dem Bezirk Wilmersdorf vereinigt.

Charlottenburg – das bedeutet für viele Berlin-Besucher auch Zentrum – „City" im Westen Berlins: „Ku-damm", Gedächtniskirche, eventuell noch Ernst-Reuter-Platz und Bismarckstraße. Charlottenburg ist aber auch ein ökumenisches Zentrum. Denn in kaum einem anderen Bezirk Berlins gibt es so viele Kirchen und Gottesdienststätten wie hier. Und nicht nur christliche. Das Jüdische Gemeindehaus in der Fasanenstraße soll ebenso erwähnt werden wie die Jüdische Synagoge in der Pestalozzistraße.

Mein Tipp für einen ersten ökumenischen Spazierweg in Charlottenburg: Beginnen Sie ihn am S-Bahnhof „Messe-Ost", früher „Witzleben" und laufen Sie dann zunächst einmal von der Neuen Kantstraße nach links in die Wundtstraße hinein zum Lietzensee.

Der Lietzensee:

Der Lietzensee, mit 6,6 ha Flächenausdehnung der größte Landsee Charlottenburgs, wurde in der Zeit bis zum Fall der Mauer von den Berlinern spöttisch als das „Weihwasserbecken Berlins“ bezeichnet, denn hier konzentrierten sich rund um den See verschiedene kirchliche Einrichtungen, besonders der römisch-katholischen Kirche: das Bischöfliche Ordinariat Berlin (West) im „St.-Otto-Haus“ an der Wundtstraße, die St. Canisius-Kirche mit Gemeindezentrum, Kita und anderen Einrichtungen an der Witzlebenstraße, daneben das „Dr.-Erich-Klausener-Haus“ mit einem Zentrum der Katholischen Jugend und Zentrale vieler katholischen Verbände, das „Frauenbundhaus“, ebenfalls an der Wundtstraße, als Einrichtung des Katholischen Frauenbundes, das „Wilhelm-Weskamm-Haus“ als Studentenwohnhaus, benannt nach einem katholischen Bischof Berlins in der Nachkriegszeit, daneben das „Ignatiushaus“ als Provinzialat der Ostdeutschen Provinz des Jesuitenordens (die es nicht mehr gibt), und daneben auch das „Bischöfliche Bauamt“ und andere wichtige Einrichtungen der katholischen Kirche. In der Steifensandstraße war das Katholische Medienzentrum mit der Dr.Carl-Sonnenschein-Bibliothek, Rundfunkstudios für kirchliche Sendungen und eine „Mediothek“. Im „St.-Otto-Haus“ residierte auch der katholische Bischof, wenn er im Westen der Stadt weilte. Er hatte hier sein Büro. In verschiedenen Nachbarhäusern wohnten die Domkapitulare und Prälaten, die im Westteil des Bistums lebten, z.B. Domkapitular Prälat Erich Klausener, der Sohn des von den Nazis, genauer gesagt von der SA, 1934 ermordeten Vorsitzenden der „Katholischen Aktion“, Dr. Erich Klausener, eines der ersten christlichen Opfer des Nazi-Regimes. Nach ihm ist, schräg gegenüber des Schlosses Charlottenburg am Spandauer Damm, ein Platz benannt, der frühere Friedrich-Karl-Platz.

Der Lietzensee war in der Zeit, als West-Berlin noch eine „Insel im Roten Meer“ war, auch für alle Westberliner Katholiken der Treffpunkt für die großen zentralen Fronleichnamsprozessionen unter Teilnahme und Leitung des Bischofs, der in Ost-Berlin residierte. Von der St.Canisius-Kirche aus zog sich der Prozessionszug mit der Monstranz, mit Fahnen, Bläserchören, Ministranten, Ordensschwestern und -patres, mit zahlreichen Geistlichen und Tausenden von Gläubigen aus ganz (West-) Berlin durch den Lietzenseepark zum Schillerdenkmal (das seit 1987/88 wieder auf dem Gendarmenmarkt in Berlin-Mitte steht), dann durch die Wundtstraße und zurück. Es war, gerade für uns Kinder damals, immer ein riesiges, und eben auch geistliches Erlebnis!

Der Ruf der „katholischsten Ecke Berlins" ist seit dem Fall der Mauer und der Wiedervereinigung Deutschlands vorbei. Denn schon in den 90er Jahren begann der Rückzug der katholischen Bistumsleitung und ihrer Behörden und Institutionen vom Lietzensee. Das Zentrum des geeinten katholischen Erzbistums ist jetzt wieder in Berlin-Mitte, z.B. im ehemaligen St.Josefs-Krankenhaus in der Niederwallstraße, sowie in Berlin-Karlshorst.

Nun ist der Lietzensee aber nie ein „katholisches Weihwasserbecken" gewesen. Denn am anderen Ende des Sees, jenseits der Neuen Kantstraße, steht die Evangelische Lietzenseekirche. Und mit dieser Gemeinde pflegten und pflegen die Katholiken bis heute eine gute und enge ökumenische Zusammenarbeit. Das äußert sich vor allem in jedem Jahr am Erntedankfest. Schon in den 70er Jahren begann die Tradition der gemeinsamen Erntedank-Prozessionen durch den Lietzenseepark, von der evangelischen zur katholischen Kirche, mit Erntewagen, Bläsern, Gebeten und Gesängen.

Auch sonst gibt es enge ökumenische Beziehungen rund um den Lietzensee. Die beiden Kirchen sind modern – vom Baustil her – ebenso wie die Gemeinden in ihrer Struktur. Die Ev. Kirche am Lietzensee wurde 1957 - 1959 nach einem Entwurf von Professor Paul Baumgarten erbaut und am 27. September 1959 eingeweiht. Die Kirche ist ganz interessant gebaut, denn sie bezieht die Natur des Lietzensees mit ein – durch ihre Glasfenster. Sie liegt ja an einem zum See abfallenden Hang. In einem Untergeschoss befinden sich Konfirmanden- und Sitzungsräume. Darüber der eindrucksvolle Kirchraum mit Blick auf die Natur. Die Decke ist holzverschalt, die Akustik ausgezeichnet. Eine dreimanualige Schuke-Orgel wurde 1963 eingebaut. Diese Kirche am Lietzensee hatte schon einen Vorgängerbau, denn bereits zum 1. April 1913 hatte sich der südöstliche Teil der Charlottenburger Epiphanien-Gemeinde verselbständigt und wurde 1915 die "Kirchengemeinde am Lietzensee". Nach dem 1. Weltkrieg gab es hier an dieser Stelle nur einen einfachen Holzbau, 1920 eingeweiht. Dieser Bau wurde durch eine Luftmine 1944 zerstört und bei Kriegsende endgültig vernichtet.

Viel abenteuerlicher ist die Geschichte der katholischen St. Canisius-Kirche und -gemeinde am anderen Ende des Lietzensees, an der Witzlebenstraße. Die Anfänge dieser Gemeinde gehen auf den früheren Pfarrer der Charlottenburger Herz-Jesu-Pfarrei, Bernhard Lichtenberg, zurück.

Dieser katholische Priester kam 1913 als 38-jähriger nach Charlottenburg und fand hier unter den damals schon 350.000 Einwohnern immerhin 36.000 katholisch getaufte Christen vor, also rund zehn Prozent. Die einzige katholische Kirche damals, die 1875/76 erbaute Herz-Jesu-Kirche unmittelbar hinter dem stattlichen Charlottenburger Rathaus, war damals schon viel zu klein. Ich komme später auf diese Kirche zurück.

Bernhard Lichtenberg, der spätere Prälat und Dompropst der St. Hedwig-Kathedrale, der als Opfer der NS-Diktatur auf dem Wege ins KZ Dachau starb und von der katholischen Kirche als „Seliger" verehrt wird, war für die weitere Entwicklung des kirchlichen Lebens in Charlottenburg von entscheidender Bedeutung. Denn „wie ein Feldherr" teilte er sein riesiges – ganz Charlottenburg umfassendes – Pfarrgebiet auf und gewann dafür drei Ordensgemeinschaften, die hier ihre Niederlassungen und damit verbunden auch eigene Pfarrgemeinden einrichteten: Das waren die Jesuiten, die Kamillianer und die Steyler Missionare (siehe Route 7 – Westend). Außerdem holte er auch weibliche Ordensgemeinschaften in sein Pfarrgebiet: die „Mägde Mariens" aus Breslau, die „Schwestern Vom Guten Hirten" aus Westfalen und schließlich die „Karmelitinnen vom Göttlichen Herzen Jesu" der Brandenburgerin Maria-Teresa Tauscher, Tochter eines evangelischen Pastors und Superintendenten, die zum katholischen Glauben konvertierte und eine Ordensgemeinschaft gründete. Sie ist in diesem Jahr von der katholischen Kirche in Rom seliggesprochen worden. Bernhard Lichtenberg holte auch die Steyler Missions- und Anbetungsschwestern nach Berlin, die ihr Kloster St. Gabriel in Neu-Westend an der Preußenallee errichteten. (siehe Route 7 – Westend).

Lichtenberg hatte schließlich aus seinem riesigen Pfarrgebiet sechs Gemeinden mit jeweils 6.000 bis 7.000 katholischen Christen geformt.

Zurück nach St. Canisius am Lietzensee:

Was mochte eigentlich diesen Pfarrer Lichtenberg dazu bewogen haben, zu Beginn der Inflationszeit für 1,2 Millionen Mark die Grundstücke Witzlebenstraße 27-29 und Neue Kantstraße 1-2 so ohne weiteres zu kaufen? Es war ein Grundstück von immerhin fast 9.000 qm (genau: 8.941 qm). Lichtenberg war auf einer seiner „Bettel- und Predigtreisen" 1921 in Köln mit dem Provinzial des Jesuitenordens, P. Bernhard Bley SJ, zusammengetroffen. Das Ergebnis dieses ersten Gesprächs war: Berlin brauche ein katholisches Gymnasium, geleitet von Jesuitenpatres. Auch der Berliner Pfarrer von St. Matthias in Schöneberg und spätere Bischof von Münster und Kardinal, Clemens August von Galen, war Feuer und Flamme. Nach Jahren des Jesuitenverbots im Zuge des „Kulturkampfes" unter Bismarck in Preußen (bis 1917) war es Zeit und eine einmalige Chance, diesen in protestantischen Kreisen angefeindeten katholischen Orden wieder zurückzuholen. Und so geschah es. Das Kultusministerium tat sich zunächst schwer, vor allem wegen des Namens „Canisius-Kolleg". Petrus Canisius galt ja als Jesuit als der „Inbegriff der Gegenreformation". Aber als „Gymnasium am Lietzensee" konnte diese Schule zu Ostern 1925 ihre Pforten öffnen. 73 Sextaner wurden als „erste Generation" zugelassen. Das Canisius-Kolleg – heute in Berlin-Tiergarten beheimatet – gehört bis heute zu den besten und anerkanntesten Gymnasien in ganz Berlin.

Und die Jesuiten übernahmen hier in Witzleben auch die Pfarrseelsorge, eine kleine Kapelle unter dem Patronat des hl. Petrus Canisius. Im 2. Weltkrieg zerstört, wurde nach dem Kriege 1955 ein äußerst umstrittenes, modernes Gebäude errichtet, nach Plänen des Architekten Reinhard Hoffbauer: eine große, bogenförmig aus Stahl, Beton und Glas konstruierte Hallenkirche, am 20. März 1955 durch den damaligen Bischof Wilhelm Weskamm konsekriert. Die St. Canisius-Kirche hatte schon bald bei den Berlinern ihren Spitznamen weg: „Sankt Nissen", wegen der Ähnlichkeit mit den „Nissenhütten" für Flüchtlinge nach dem Kriege. In der Baugeschichte der Nachkriegszeit wurde sie gepriesen als „das künstlerische Unikat im deutschen Kirchenbau des 20. Jahrhunderts". Die Fachwelt war voller Lob. Auch für das umstrittene Kruzifix im Altarraum von Gerhard Schreiter. Doch das dauerte nur zehn Jahre lang. Dann stellte man fest, dass diese Kirche voller bautechnischer Mängel war. Die St. Canisius-Kirche musste schon 1965 wegen Baufälligkeit geschlossen werden, nachdem bereits ab 1961 Materialfehler sichtbar wurden. Unter dem Architekten Hermann Jünemann wurde sie saniert. Auch der etwa 50 Meter hohe Glockenturm.

Und dann kam jener „schwarze Tag" für die Kirche und Gemeinde: der 30. April 1995. Es war ein Sonntag. Wie so oft spielten Kinder auf dem Gelände des benachbarten Kinderhortes und entzündeten dort an einer angeblich windgeschützten Stelle ein Feuer, direkt neben der Treppe zum hinteren Seitenausgang der Kirche. Die Hitze der Flammen muss durch die Kupferhaut der Außenverkleidung nach innen geschlagen sein und die Holzverschalung in Brand gesetzt haben. Jedenfalls stand die ganze Kirche schon bald in hellen Flammen – und trotz sofortiger Löschmaßnahmen – war es über fünf Stunden nicht gelungen, den Brand unter Kontrolle zu bringen. Die St. Canisius-Kirche ist bis auf die Grundmauern niedergebrannt. Nach dem Abräumen der Trümmer musste auch noch am 2. September des gleichen Jahres der Turm wegen Einsturzgefahr gesprengt werden. Was nun?

Der Jesuitenorden als Träger, und verantwortlich für die Seelsorge, musste schnell reagieren. Baubeginn für eine neue Kirche sollte schon 1997 sein. Aber das, was der beauftragte Architekt da vorlegte, stieß auf den Widerstand der Gemeinde, genauer des Pfarrgemeinderats. Die Streitigkeiten zogen sich über drei Jahre hin. Erst im Mai 2000 konnte der Grundstein für eine neue Kirche gelegt werden. Und auch das neue Gotteshaus, das schließlich 2002 vollendet wurde, ist umstritten: ein Betonbau nach Plänen des Büros Büttner/Neumann/Braun, bestehend aus zwei gleichgroßen Würfeln, die ein gemeinsames Dach überspannt. Der Kirchraum bietet etwa 300 Gläubigen Platz, weniger als in der früheren Kirche. Doch er reicht für die insgesamt ca. 5.000 Katholiken im Gemeindegebiet aus.

Nicht nur die neue Kirche St. Canisius hat die Umgebung neu geprägt. Das ganze Areal zwischen Neue Kantstraße, Suarezstraße und Steifensandstraße wurde vollkommen neu verplant. Das alte „Ignatiushaus" der Jesuiten wurde verkauft, auch die benachbarten Häuser, z.B. das ehemalige „Wilhelm-Weskamm-Haus" und die Zentrale des Katholischen Medienzentrums. Aus der früheren Zentrale der Katholischen Jugend (BDKJ), dem „Dr.Erich-Klausener-Haus" wurde 2003, nach umfangreichen Sanierungsarbeiten das neue „Ignatiushaus" der Jesuiten mit Einrichtungen wie der „Glaubens- und Lebensschule St. Ignatius", dem „Jesuiten-Flüchtlingsdienst", der „Offenen Tür Berlin" und der „Katholischen Glaubensinformation". Außerdem sind dort auch Pfarrbüro und Gemeinderäume der Gemeinde St. Canisius untergebracht.

Schlossviertel und Luisenkirche:

Der weitere Weg führt uns über die Suarezstraße zum Sophie-Charlotte-Platz (U-Bhf.) und hinüber in das eigentliche Zentrum des alten Charlottenburg, in die Schlossstraße hinein. Wir gehen über diese schöne Promenade in Richtung Schloss – rechter Hand vorbei am so genannten „Nassen

Dreieck", zwischen der Hebbel-, Fritsche- und Zillestraße. Dieses sumpfige Terrain, in dem es früher einen Karpfenteich und einen Torfgraben gab, war ursprünglich in der Zeit vor dem 1. Weltkrieg mit vierstöckigen Wohnhäusern bebaut worden. Doch schon bald traten hier Bodensenkungen auf, die Häuser zeigten Risse. Schon 1972 entschloss man sich, diese Häuser wegen Einsturzgefahr abzureißen. Heute sind hier ein Sportplatz und viel Grün zu sehen. Die Mittelpromenade der etwa ein Kilometer langen Schlossstraße führt uns geradewegs auf das Schloss Charlottenburg zu. Wir gehen aber nach rechts in die Schustehrusstraße.

Kurt Schustehrus (1856 - 1913) war Oberbürgermeister der Stadt Charlottenburg. Hier in dieser Straße kann man auch den Schustehrus-Park, eine kleine, vom Stadtgartendirektor Erwin Barth (1880-1933) gestaltete, romantische Parkanlage mit über 100 Jahre alten Bäumen sehen und bewundern, ehe wir dann zur evangelischen Hauptkirche von Charlottenburg am Gierkeplatz gelangen. Es ist die Luisenkirche.

Als die Stadt Charlottenburg 1705 gegründet wurde, gab es hier noch keine Kirche. Nur im Dorf Lützow (Lietzow) die alte Dorfkirche. Der Weg dorthin war aber recht beschwerlich, da sumpfig. Ein Neubau war zwar geplant, aber erst 1712 konnte der Grundstein gelegt werden. Oberbaudirektor Philipp Gerlach hatte zwar einen Plan dafür vorgelegt, aber der war in seiner Ausführung viel zu kostspielig, meinten die Charlottenburger. Also wurde eine vereinfachte Fassung „für 6.100 Taler" ausgeführt, von dem Schlüter-Schüler Martin Böhme. 1716 wurde diese jetzige Kirche von Propst Michael Roloff (damals Propst an der Friedrichwerderschen Kirche zu Berlin) eingeweiht. Noch war die Luisenkirche turmlos. Lediglich ein hölzerner Dachreiter ragte hervor. Der wurde aber schon bald baufällig. Auch die ganze Kirche bedurfte einer Erneuerung. Der richtige Mann dafür war natürlich der berühmte Königliche Hofbaumeister Karl-Friedrich Schinkel. Unter dem preußischen König Friedrich Wilhelm III. wurde die neue Luisenkirche – mit Turm – am 11. Juni 1826 eingeweiht. Auch den Namen erhielt sie erst dann, denn Königin Luise war ja erst 1810 verstorben und wurde schon damals in der Bevölkerung wie eine „Heilige" verehrt. Bis heute wurde die Luisenkirche mehrfach umgestaltet und erneuert – zuletzt nach Bombenschäden 1943 im Jahre 1950 unter Professor Hinnerk Scheper, der sich an die Schinkelschen Vorlagen hielt. Im Innern der Luisenkirche sieht man ein modernes Kruzifix von Gerhard Schreiter und im Ostflügel Glasfenster von Peter-Ludwig Kowalski.

Letzte Innen- und Außenrenovierungen waren 1976 und 1996.

Noch etwas zum Namen des Platzes vor der Luisenkirche: Anna von Gierke (1874-1943) war eine bedeutende Sozialpädagogin ihrer Zeit. Am Gierkeplatz steht auch noch das älteste Schulhaus Charlottenburgs (1785/86 erbaut). Heute beherbergt es die „Landesstelle Berlin gegen Suchtgefahren e.V.". Und im Pfarr- und Gemeindehaus der Luisengemeinde befindet sich heute die Zentrale des „Ökumenischen Rates Berlin-Brandenburg (ÖRBB)" mit dem „Ökumenisch-Missionarischen Institut (ÖMI)".

Wir gehen nun weiter durch die Schustehrusstraße zum Richard-Wagner-Platz (U-Bahnhof) und sehen vor uns das stattliche Rathaus der einstmals so selbstbewussten Stadt Charlottenburg, die ja erst 1920 Teil von Groß-Berlin wurde. Das Rathaus wurde 1899 - 1905 von den Architekten Heinrich Reinhardt und Georg Süßenguth ausgeführt, die auch schon die Rathäuser in Spandau und Steglitz bauten, und ist, so ein Kunstführer, „eine Mischform von frei abgewandelter Spätgotik und Jugendstil". Die wohlhabende Gemeinde hatte sich „eine gemäßigte, würdige Pracht, welche die glücklichen Verhältnisse Charlottenburgs, das machtvoll aufstrebende Gemeinwesen symbolisch zum Ausdruck bringt", gewünscht. Und so kann man es sehen und erleben – mit einem 88 Meter hohen Turm!

Unsere ökumenische Spur führt aber hinter dem Rathaus vorbei in die Straße Alt-Lietzow in die Wurzel jenes alten Angerdorfes, das Lützow hieß. Vom alten Dorf ist praktisch so gut wie nichts mehr übrig geblieben. Nicht einmal die alte Dorfkirche in der Mitte des Angers und die noch bis zum 2. Weltkrieg existierenden alten Bauernhäuser künden von der einstmaligen Dorfidylle. Zwar ist auch das Dorf „Leutzow" im Landbuch Kaiser Karls IV. erwähnt, doch es heißt darin, dass die „Leute von Leutzow dem Pfarrer in Wilmerstorff abgabepflichtig" seien. Eine mittelalterliche Dorfkirche lässt sich also nicht belegen. Erst 1541, also nach Einführung der Reformation in der Mark Brandenburg, wird eine Kirche hier genannt. Man kann also davon ausgehen, dass die Gegend hier im Mittelalter eine recht trostlose und arme war. Die eben erwähnte erste Kirche brannte während des Dreißigjährigen Krieges auch noch ab, und eine neue Kirche gab es erst ab 1655. Auch die wurde nicht alt. Gegen Ende des 18. Jahrhunderts war sie baufällig. Reparaturen nutzten nicht viel. In der Mitte des 19. Jahrhunderts folgte ein weiterer Kirchen-Neubau, nach Entwürfen des berühmten Baumeisters August Stüler (1845). Aber auch diese Kirche erwies sich schon bald als zu klein und unzureichend. Trotz mancher Einwände, z.B. des Provinzialkonservators, wurde sie abgerissen und 1910/11 durch einen größeren Neubau ersetzt. Eine „Neo-Barock-Kirche" mit 900 Sitzplätzen. Am 22. November 1943 wurde sie ein Opfer der Bomben.

Und nun? Im alten, ehemaligen Dorf Lietzow steht auf dem Anger die fünfte Kirche an gleicher Stelle – kein besonders attraktives Gotteshaus, eben im Stil der 60er Jahre: ein „Zeltbau" aus Beton mit einem freistehenden kleinen Glockenturm, 1960-61 errichtet von einem Architekten namens Ludolf von Walthausen. Sicher keine „Sehenswürdigkeit" Charlottenburgs. Schräg gegenüber der Kirche ist die Alte Feuerwache, die seit einigen Jahren jetzt die Berliner Zentrale des „Malteser-Hilfsdienstes (MHD)" ist. Diese Hilfs- und Rettungsorganisation ist ein Zweig des weltbekannten Malteser-Ritter- und Hospitalordens. Ein evangelischer Zweig ist der Johanniterorden mit der „Johanniter-Unfallhilfe (JUH)". Beide haben ja eine gemeinsame Wurzel und arbeiten heute wieder eng ökumenisch zusammen.

Neben der Alten Feuerwache und dahinter sind zwei wichtige kirchliche Seniorenzentren: das „Bernhard-Lichtenberg-Seniorenwohnhaus" (1961 eingeweiht) und das „Seniorenzentrum Alfred Kardinal Bengsch" (1982), zwei der größten katholischen Senioreneinrichtungen im Erzbistum Berlin.

Gehen wir nun wieder zurück in Richtung Richard-Wagner-Platz, stoßen wir auf ein rotes Backsteingebäude, das ehemalige St.Josefs-Kinderheim der „Karmelitinnen vom Göttlichen Herzen Jesu", eine Gründung der schon erwähnten Seligen Maria-Teresa Tauscher. Und daneben die älteste katholische Kirche Charlottenburgs: die Herz-Jesu-Kirche.

Diese Kirche ist mitten in der Zeit des so genannten Kulturkampfes in Preußen, 1875-77 erbaut - ein neugotisches Backstein-Gotteshaus ohne Turm, geplant und errichtet von dem Architekten Hubert Stier. Schon 1845 gab es in Charlottenburg eine erste Heilige Messe für die ortsansässigen katholischen Christen durch den fürstbischöflichen Delegaten Brinkmann. 1855 konnte hier ein erstes „Missionshaus" mit bescheidener Kapelle eingerichtet werden. Es war eine der Wirkungsstätten des aus Schlesien stammenden Missionsvikars Eduard Müller. Er holte auch die ersten Ordensschwestern hierher, die „Schwestern Vom Guten Hirten", die sich besonders um die „gefallenen, in Unordnung geratenen jungen Mädchen" kümmerten. Ihr Werk setzten sie später, ab 1905, in Reinickendorf und Marienfelde fort. Die Herz-Jesu-Kirche wurde dann Mittelpunkt und Seelsorgezentrum für den schon erwähnten Pfarrer Bernhard Lichtenberg (1913-1930), der von hier aus die Pfarrseelsorge in dem großen Pfarrgebiet Charlottenburg neu ordnete. Die Kirche erhielt während des 2. Weltkriegs nur wenig Schäden und wurde erst 1968 und später noch einmal 1992 grundlegend – auch farblich – umgestaltet. Das große Kreuz fand wieder den ursprünglichen Platz in der Vierung der Kirche. Die schönen Glasfenster im Chorraum sind auch erhalten geblieben. Eine Besonderheit ist der Taufstein. Dazu gibt es eine hübsche Anekdote: In der Mitte des 19. Jahrhunderts zogen zwei katholische Handwerksgesellen durch die Kneipen des alten Berlins und landeten in einem Biergarten vor dem Schönhauser Tor. Er gehörte zur Brauerei „Pfeffergarten". So besoffen waren sie nicht, dass sie nicht den Blumenkübel in diesem Biergarten in Augenschein nahmen. „Wat denn! Det is doch een oller Taufstein! Da sind doch religiöse Symbole druff!" Und am nächsten Tag erzählten sie ihr Erlebnis dem Charlottenburger Pfarrer.

Und so kam es dazu, dass dieser „Blumenkübel" aus Prenzlauer Berg erworben wurde. Experten stellten danach fest: Es war tatsächlich ein alter Taufstein aus dem Jahre 1587! Nun steht er in der Herz-Jesu-Kirche!

Wer nach diesem Weg ins alte Lietzow noch nicht müde ist, sollte vielleicht noch bis zum Schloss Charlottenburg und zum Klausenerplatz zurücklaufen. Denn dort gibt es auch noch etwas Christliches zu sehen: die Kirche und das Seniorenwohnhaus St. Kamillus.

Das markante Gebäude mit den zwei Kirchtürmen ist nämlich auch auf eine Initiave jenes mehrfach erwähnten Pfarrers Lichtenberg zurückzuführen. Der Krankenpflegeorden der Kamillianer, 1582 vom heiligen Kamillus von Lellis gegründet, wurde nämlich 1922 von Lichtenberg nach Berlin eingeladen, hier die Krankenseelsorge an den Charlottenburger Kliniken und Krankenhäusern, so z.B. im Klinikum Westend, im „Bürger-Klinikum" und dem Puls-Stift, zu übernehmen. Damit verbunden war auch der Aufbau einer eigenen Pfarrseelsorge und eines eigenen Seniorenheims. Die Kamillianer in ihrem Provinzsitz in Essen nahmen die Einladung an. Und so wurde hier 1931/32 am damaligen Friedrich-Karl-Platz, schräg gegenüber vom Schloss Charlottenburg, dieses Gemeindezentrum erbaut: eine Mischung aus Kirche und Seniorenheim. Das Besondere an diesem Bau: Man kann von jeder Etage ohne Probleme in die Kirche gelangen (an Fahrstühle war ja damals noch nicht zu denken!). Der Kirchenraum hat – wie in einem Theater – mehrere Emporen. Architekt war Hermann Mohr.

Dieses interessante Bauwerk hat eine Kindertagesstätte und Gemeinderäume im Untergeschoss, die Kirche ist über drei Stockwerke hinaus gedehnt, und oben befindet sich eine Dachterrasse, von der aus man einen herrlichen Blick über ganz Berlin genießen kann. Es hat auch den 2. Weltkrieg weitgehend unbeschadet überdauert. Lediglich die Fenster gingen zu Bruch. 1959 - 1964 wurden die Kirche und das Haus umfassend saniert. Die neuen Kirchenfenster und das Mosaik über dem Hochaltar, das das Kamillus-Kreuz und die Ausgießung des Heiligen Geistes zeigt, stammen von Ludwig Baur. 1964 wurde eine neue Orgel der Firma Stockmann eingebaut. Denn hier in St. Kamillus ist schon seit Jahrzehnten ein Zentrum der Kirchenmusik.

Seit 1987 wirken hier in der Seelsorge Patres der polnischen Kamillianerprovinz, denn deutschen Nachwuchs hat der Orden kaum noch. Die Patres und Ordensbrüder sprechen aber gut deutsch und wurden von der deutschen Gemeinde herzlich aufgenommen.

Vom Klausenerplatz ist es nun nicht mehr weit zum S-Bahnhof Westend, wo der ökumenische Spaziergang durch Charlottenburg endet.

Route 7:

Der Villenvorort Westend

Theodor-Heuss-Platz:

Beginn dieses Spazierwegs sollte der Theodor-Heuss-Platz (U-Bahnhof) sein, ein Platz im Mittelpunkt einer „Magistrale". Um die Jahrhundertwende 19./20. Jh. sah es hier noch recht wüst aus. Die Stadt Charlottenburg ebenso wie die Stadt Spandau waren ursprünglich gar nicht für die Pläne des Regierungsbauführers Ludwig Hercher (1893), eine monumentale Prachtstraße von Berlin über Charlottenburg und südlich von Spandau vorbei in Richtung Döberitz zu bauen, die „Döberitzer Heerstraße". Aber das Militär stimmte begeistert zu, und der Kaiser engagierte sich ebenfalls für diese Straße. Grund und Boden gehörten zum Teil der Deutschen Bank, zum Teil dem staatlichen Fiskus. Also war Widerstand zwecklos – die Pläne wurden verwirklicht.

Ein riesiger Platz entstand hier, von dem acht Straßen ausgingen. Erst 1913 wurde er bebaut – mit repräsentativen Wohnbauten – zunächst an der Westseite im Jugendstil. Am Südrand wurden im Bauhausstil 1926/27 von Heinrich Straumer die Büro- und Geschäftshäuser errichtet. Nach dem 2. Weltkrieg wurden sie zum Teil von der britischen Besatzungsmacht bezogen (NAAFI-Club, Engl. Kino und Einkaufszentrum), zum Teil zog hier der SFB mit seinen Fernsehstudios ein. Doch diese Zeiten sind jetzt vorbei.

Der Platz hat mehrfach seinen Namen verändert: Reichskanzlerplatz – Adolf-Hitler-Platz – dann wieder Reichskanzlerplatz – und schließlich, nach dem Tod des ersten Bundespräsidenten, in den 60er Jahren: „Theodor-Heuss-Platz". Eine große Springbrunnenanlage zierte ihn. In den 80er Jahren wurde sie abgerissen. Die Wasserspiele am Obelisken sollen sie ersetzen.

Nun verlassen wir diesen verkehrsreichen Platz und blicken noch einmal hinüber zum ehemaligen St. Hildegard-Krankenhaus am Eingang der Masurenallee. Dieses, ursprünglich von katholischen „Steyler Missionsschwestern" geführt, war eines der ersten Opfer der sog. Krankenhausreform Anfang der 90er Jahre.

Villenkolonie Westend:

Die Anfänge dieser Villenkolonie gehen zurück auf das Jahr 1866. Eine Aktiengesellschaft unter der Leitung von Albert Werckmeister hatte das Gebiet hier erworben. Es war damals noch überwiegend Waldgebiet. Eine größere Bautätigkeit setzte aber erst zwei Jahre später ein. Die „Westend-Gesellschaft" wurde von Heinrich Quistorp übernommen, einem Bodenspekulanten der feinsten Art, vergleichbar dem Wilhelm von Carstenn, der damals Groß-Lichterfelde aus dem Boden stampfen ließ. Quistorp gilt als der Gründer von Westend. Er war vom Spekulationsfieber seiner Zeit geprägt, der Zeit der sog. Gründerjahre. Immer größere Geschäfte mit Baugrundstücken wollte er machen, zumal die Expansion Berlins und andererseits die Wohnungsnot derartige Manipulationen förmlich herausforderten. Zu dieser Firma, der Westend-Gesellschaft, gehörten auch namhafte Architekten wie Professor Martin Gropius.

Quistorp fühlte sich geehrt, als Seine Majestät, Kaiser Wilhelm I., ihm höchstpersönlich einen Besuch abstattete und ihm sagte: „Hier oben weht frische, reine Luft. Westend hat eine große Zukunft!" Das Wohlwollen des Monarchen hatte bei Quistorp zur Folge, dass er ein überlebensgroßes Denkmal des Kaisers in seiner Villenkolonie aufstellen ließ.

Das Gelände am Spandauer Berg sollte nach Londoner Vorbild entstehen. „My home is my castle" war das Motto. Also war hier jeder Stil möglich: neogotisch, burgenartig, Renaissance, Jugendstil, Moderne – ein wahres Sammelsurium. Jeder Hausbesitzer versuchte den anderen zu übertreffen.

Das vornehme Gelände am Spandauer Berg wuchs stetig an. Es gab sogar schon seit 1865 eine Pferdeeisenbahn. Aber es gab hier Probleme mit der Wasserversorgung. So wurde eine Pumpstation am Teufelssee errichtet und das geförderte Wasser in einem Wasserturm auf dem Spandauer Berg gespeichert. Im Volksmund „Tempel des Wahns" genannt, wurde der

Grundstein des 80 m hohen Monuments am 31. 8. 1872 gelegt – mit großem Pomp. Es war das letzte große Fest des Heinrich Quistorp. Schon ein Jahr später (1873) war er nämlich bankrott.

Noch einmal hat er sich hochgerappelt, ließ den Wasserturm sieben Jahre nach der Grundsteinlegung vollenden, baute am Platz des späteren St. Hildegard-Krankenhaus einen 60 m hohen Holzturm – das Belvedere – und hatte noch weiterhin große Pläne mit „seinem" Westend. Doch lange ging das nicht gut. Der Spekulant und Unternehmer scheiterte wiederum, diesmal endgültig. Sein Bankhaus ging in Konkurs, sein einziger Sohn starb 1882, und Quistorp verlor alle Illusionen. Er wanderte nach Paraguay aus und starb dort am 6. Dezember 1902. Bei seiner Beisetzung schmückten nur noch anonyme Kränze seinen Sarg. Keiner wollte mehr etwas mit diesem gescheiterten Unternehmer zu tun haben.

Wenn wir heute durch die Straßen von Westend spazieren, sollten wir auch einmal an solche Menschen im Gebet denken, die damals gescheitert sind.

Der Weg sollte nun über die Ahornallee führen – vorbei an dem Katholischen Schulzentrum „Liebfrauen", das von Schwestern der Ordensgemeinschaft „Unserer Lieben Frau" geführt wird. Heute ist die Liebfrauenschule in der Trägerschaft des Erzbischöflichen Ordinariats und umfasst Gymnasium, Real- und Hauptschule. Links in die Platanenallee eingebogen, erreichen wir das Evangelische Krankenhaus, eines von vielen kleinen Krankenhäusern und Kliniken hier in Westend. An der Kastanienallee biegen wir rechts ab zum Branitzer Platz. Dieser ist ein besonderes Schmuckstück. Der kreisrunde Platz, er gilt als einer der schönsten Stadtplätze Berlins, wurde 1894 angelegt. In seiner Umgebung liegen 150 Villen in unterschiedlichsten Stilarten, ein paar neue gibt es auch darunter.

Von hier aus ist es dann nicht mehr weit über die Eichenallee zur Evangelischen Kirche Neu-Westend.

Die Gemeinde Neu-Westend wurde erst am 1. April 1957 von der Epiphaniengemeinde abgetrennt. Schon vorher, ab 1951, gab es hier Gottesdienste für die evangelischen Christen in einem provisorischen Kirchsaal. Später kamen noch Jugend- und Gemeinderäume hinzu. 1955 wurde ein Gemeindezentrum unter den Architekten Professor Konrad Sage und Karl Hebecker errichtet. Die Kirche, wie man sie heute sieht, ist am 3. April 1960 eingeweiht worden. Endgültig abgeschlossen wurde das evangelische Gemeindezentrum Westend 1972. Es ist recht zweckmäßig gestaltet: ein unverputzter Stahlbetonbau auf einem unregelmäßigem Fünfeckgrundriss, wie man eben Kirchen und Gemeindezentren damals so baute. Wichtig ist ja für uns Christen nicht der äußere Bau, sondern der Bau „der lebendigen Steine“, und der ist besonders hier in Westend gut gelungen. Mit der katholischen Heilig-Geist-Gemeinde in der Bayernallee gibt es gute ökumenische Verbindungen und Beziehungen.

Der Weg vom evangelischen Gemeindezentrum zum katholischen Zentrum „Heilig Geist“ mit dem Kloster St. Gabriel führt über den Steubenplatz (U-Bhf. Neu-Westend) mit dem Reiterstandbild „Der Sieger“ von Louis Tuaillon aus dem Jahre 1902. Seit 1961 steht es hier – ein Symbol? Kann es überhaupt „Sieger“ oder „Verlierer“ im ökumenischen Dialog geben?

An der Preußenallee befindet sich das Kloster St. Gabriel der Steyler Anbetungsschwestern, genauer der Schwesternkongregation der „Dienerinnen des Heiligen Geistes von der Ewigen Anbetung“. Gerade dieses Kloster, eines der letzten Gründungen jenes Pfarrers Bernhard Lichtenberg, der hier bis 1930 in Charlottenburg wirkte, kann vielleicht in der Ökumene provozieren. Denn „Eucharistische Anbetung des gegenwärtigen Fleisches und Blutes Jesu Christi“ in Gestalt einer Hostie, ausgesetzt in einem kostbaren Gefäß namens „Monstranz“ ist besonders bei Protestanten umstritten. Glauben wir als Christen wirklich an die Realpräsenz Christi? Jesus Christus hat es im Abendmahlssaal seinen Jüngern gesagt: „Das ist mein Fleisch, das ist mein Blut“. Und er trug ihnen auf: „Tut dies zu meinem Gedächtnis!“. Sowohl Johannes Hus, der mit einer Untersuchungskommission im 15. Jahrhundert von Prag in den brandenburgischen Wallfahrtsort Wilsnack reiste, um diese berühmte Wallfahrtsstätte zu untersuchen, als auch später Martin Luther, lehnten die so genannte „Augenkommunion“ ab. Bis heute ist gerade die Auffassung von der ständigen Präsenz des Allerheiligsten Altarssakraments und der besonderen Verehrung bei Prozessionen, wie z.B. am Fest Fronleichnam in der katholischen Kirche, bei speziellen eucharistischen Andachten oder Fürbittprozessionen eines der wichtigsten Streitpunkte zwischen den Konfessionen. Weniger zwischen der römisch-katholischen und den Orthodoxen Kirchen, als vielmehr zwischen den Katholischen und Reformierten Kirchen. Das muss deutlich benannt werden, wenn der „ökumenische Spazierweg“ hier in Westend gerade zu einem Ort der „ständigen eucharistischen Anbetung“ führt. Hier im Kloster St. Gabriel an der Preußenallee beten die Ordensschwestern rund um die Uhr vor dem ausgesetzten Jesus Christus: „Seht das Zelt Gottes unter den Menschen. Das ist mein Leib. Selig seid ihr, denn eure Augen sehen.“ (vgl. Mt. 13,16).

Etwas zur Geschichte: 1875 gründete der Selige Arnold Janssen die „Gesellschaft des Göttlichen Wortes“ (SVD), allgemein bekannt als die „Steyler Missionare“, nach dem Ort an der holländischen Grenze, an dem die Gemeinschaft ihren Ursprung nahm. Es war von Anfang an ein Missionsorden, und 1889 rief Pater Janssen auch einen weiblichen Zweig ins Leben: die „Dienerinnen des Heiligen Geistes“, die Steyler Missionsschwestern. Daraus ging dann 1896 ein kontemplativer Zweig hervor: die „Dienerinnen des Heiligen Geistes von der Ewigen Anbetung“. Sie lebten in strenger Klausur und widmeten sich ausschließlich dem Gebet. Die erste Generaloberin dieser Gemeinschaft, Mutter M. Michaele, drückte es so aus:

„Still wandeln vor Gott,
freudig schaffen für Gott,
alles bemessen nach Gott,
alles verhandeln mit Gott,
im Eifer glühen für Gott,
sich kindlich freuen an Gott,
tief ruhen in Gott!“

Der Ordensgründer, der Sel. Pater Arnold Janssen, hatte diese Ordensgemeinschaft als „Notwendigkeit für das Wirken der Missionare“ gesehen. Diese Klausurschwestern sollten „durch ihr Gebet vor dem heiligsten Sakramente dem Wirken der Missionare das wahre Gedeihen verschaffen und sie zugleich an die alte Wahrheit erinnern, dass der rechte Segen von oben kommen und erfleht werden muss“, so Janssen.

Und so geschah es auch in Berlin. Denn Pfarrer Bernhard Lichtenberg wollte sein Werk in Charlottenburg nicht nur durch die Organisation neuer Pfarrgemeinden festigen, sondern eben auch durch das Gebet dieser Schwestern in ihrem kontemplativen Kloster in Westend. Die Steyler Missionare holte er 1926 nach Charlottenburg, als dritten Männerorden, nach den Jesuiten und den Kamillianern. (Siehe Route 6 – Charlottenburg). Pater Eustachius Riedel SVD traf als erster Geistlicher hier in Westend ein und gründete die „Heilig-Geist-Kuratie“ an der Bayernallee.

Die Schwestern in ihrem Kloster an der Preußenallee kamen erst 1937. Lichtenberg, nun schon Dompropst an der St. Hedwigs-Kathedrale, durfte am 27. Mai 1937 den Grundstein zu dem Kloster St. Gabriel legen, eine „Oase der Stille und Anbetung". Im Berliner Volksmund hießen die Nonnen wegen ihrer Tracht schon bald: die „Rosa Schwestern". Und so blieb es bis heute. Neben dem beschaulichen Gebet hatten die Nonnen viele Jahrzehnte auch eine andere Aufgabe. Sie unterhielten eine „Hostienbäckerei" und belieferten die Berliner katholischen Pfarrgemeinden mit ihren Hostien für die Gottesdienste. Heute tun das die Benediktinerinnen in Alexanderdorf bei Zossen.

Die katholische Heilig-Geist-Gemeinde feierte 1997 ihr 75-jähriges Bestehen. Seelsorglich selbständig ist diese Pfarrgemeinde erst seit November 1936. Kirche und Kloster an der Bayernallee wurden ab 1932 erbaut von Martin Braunstorfinger. Zunächst einmal entstand ein Gemeindesaal für die damals schon 3.500 Katholiken. Nach schweren Bombenschäden 1943 wurde die Kirche Pfingsten 1945 notdürftig, dann 1947/48 vollständig wiederhergestellt. Ab 1951 wurden auch die Fenster nach und nach wiederhergestellt – mit Motiven, die als Symbole die Früchte des Heiligen Geistes zeigen. Nochmals umgestaltet 1960 und 1989, zeigt sich der Gottesraum heute als ein würdiges Gotteshaus. Im Mai 1990 wurde eine dreimanualige Orgel der Firma Rieger (Schwarzach) eingebaut und geweiht. Zu Ausstattung der Kirche gehört auch ein expressionistischer Kreuzweg des Künstlers Paul Plontke sowie die neuen Fenster von Hans-Günter van Look.

Die Heilig-Geist-Kirche ist heute Mittelpunkt einer etwa 3.750 Katholiken zählenden deutschen Gemeinde. Außerdem feiern hier die in Berlin lebenden Philippinen (überwiegend katholischer Konfession) ihre Gottesdienste. Man muss wissen, dass in ihrer Heimat sehr viele Steyler Missionare wirken.

Der Bezirk rund um die Heilig-Geist-Kirche war – ähnlich wie die Gegend um den Lietzensee – in der Zeit, als die Mauer um Berlin noch stand, auch so ein Stück „katholische Insel". Denn gleich hinter der Heilig-Geist-Kirche war bis 1990 die „Theologisch-Pädagogische Akademie des Bistums Berlin", mit Einrichtungen wie dem „Katholischen Bildungswerk" und der „Katholischen Akademie", und weiteren Bildungs- und Weiterbildungseinrichtungen. Die gesamte Katechetenausbildung fand hier statt. Heute gibt es hier nichts mehr, das darin erinnert. Die gesamten

Baulichkeiten sind abgerissen. Die Bildungs- und Weiterbildungseinrichtung ist 1999 nach Berlin-Karlshorst verzogen.

Geht man nun die Oldenburgallee Richtung Süden bis zu ihrem Ende, stößt man an der Ecke Baden/-Preußenallee wieder auf eine Kirche. Es ist die „Anglican Church St. George", die uns an die über 40-jährige Besatzungszeit der vier Alliierten nach dem 2. Weltkrieg erinnert. Charlottenburg gehörte damals zum „britischen Sektor" Berlins. Und die britischen Soldaten mit ihren Familien waren anglikanischen Glaubens. Der heilige Georg, ein legendärer römischer Soldat, der als Märtyrer unter Kaiser Diokletian gestorben sein soll, wird in England besonders verehrt und gilt schon seit 1222 als Schutzherr des englischen Königshauses. Die „Church St. George", 1950 erbaut, war bis zum Abzug der britischen Truppen aus Berlin 1994 ihr Gotteshaus in der „Vier-Mächte-Stadt". Der Geistliche war bis dahin auch Angestellter des Militärs, also von der britischen Militärregierung besoldet. Nun ist sie eine „zivile Kirche", d.h. Menschen unterschiedlichster Nationen, die sich zur Anglikanischen Kirche bekennen, feiern hier sonntags um 10 Uhr ihre Gottesdienste, an denen im Schnitt etwa 80 Gläubige teilnehmen. Die Gemeinde St. George's beteiligt sich auch an der Betreuung englischsprachiger Gefangener in Berlin, pflegt internationale Kontakte und lädt ganzjährig auch zu Konzerten in diese Kirche ein. Einmal wöchentlich vormittags trifft sich hier eine deutsch-englische Eltern-Kind-Gruppe. Die Gemeinde hat auch enge Verbindungen, ja Kommunion-Gemeinschaft, mit der Alt-Katholischen Kirche in Berlin, sowie zu deren „Ökumenischer Franziskaner-Bruderschaft". Die Alt-Katholische Kirche in Berlin feiert übrigens ihre Gottesdienste in der Dorfkirche Alt-Schöneberg und hat etwa 250 Mitglieder. Seit drei Jahren hat sie ein eigenes Gemeindezentrum in der Detmolder Straße 4 in Wilmersdorf. Kontakt über Dekan Urbisch, Tel. 796 22 50.

Über die Preußenallee erreicht man in wenigen Minuten den S-Bahnhof Heerstraße, an dem dieser Spazierweg endet.

Kleine Ergänzung:

Wer noch nicht fußmüde ist, sollte vielleicht auch noch über die Bahnbrücke, dann rechts in die Sensburger- und Insterburgallee einen Abstecher zu dem wohl schönsten Friedhof Berlins wagen. Vorbei am Wohnhaus (heute Museum) des bekannten Bildhauers Georg Kolbe (eines seiner bekanntesten Werke ist das Goethe-Denkmal in Frankfurt/Main!) und vorbei an der

Katholischen Grundschule „Herz Jesu“, erreicht man den Friedhof Heerstraße in wenigen Minuten. Dieser romantische Parkfriedhof ist ein Landschaftsschutzgebiet und erstreckt sich um den idyllischen Sausuhlensee. Auf ihm sind berühmte Künstler, Schauspieler und Schriftsteller bestattet. Nur einige Namen: Joachim Ringelnatz ruht hier, die Schauspieler Grethe Weiser, Tilla Durieux, Willi Rose, Agnes Windeck, Maximilian Harden und Victor de Kowa, der Komponist Felix Holländer, der Theaterregisseur Curt Goetz, der „Rundfunkmann der ersten Stunde“ Alfred Braun und viele andere. So manche Grabsteine von Prominenten gilt es dort zu entdecken!

Route 8:

Neukölln: Von Richardsdorf zur „Multikultistadt"

Allgemeine Einführung:

„Einen weiten Weg bezeichnet die Strecke von Richardsdorf bis Neukölln, einen beschwerlichen, steinigen und dornenvollen Weg, unwirtlich und langwierig, dass es ein Wagnis erscheint, ihn zu wandern." Dieses Zitat aus einem Buch von Georg Möller („Von Richardsdorf bis Neukölln", Berlin 1926) soll einstimmen in einen konkreten ökumenischen Spazierweg durch das ehemalige Richardsdorf, das im 19. Jahrhundert verkürzt „Rixdorf" genannt wurde und schließlich am 27. Januar 1912 den heutigen Namen Neukölln erhielt. Er ist auch kein „Wagnis mehr, ihn zu wandern".

Rixdorf, wo es in einem alten Berliner Gassenhauer angeblich „Musike" geben soll, ist seit 1920 ein Stadtbezirk von Berlin.

1360 wurde der Ort vom Ritterorden der Templer gegründet, vom Templerhof, der Komturei in Tempelhof, aus. Der Ritterorden hatte ja, als großer Verehrer der Gottesmutter Maria, nicht nur die Dörfer Mariendorf und Marienfelde gegründet, sondern sein Patron war der heilige Richard von Chichester, ein englischer Nationalheiliger. Und so wurde das „Vorwerk" hier unweit ihres Hofes eben Richardsdorf genannt. Der Ortskern lag am heutigen Richardplatz. Bereits im 6./7. Jahrhundert aber war die Gegend hier besiedelt, wie Ausgrabungen ergaben. Größere Bedeutung erlangte das Dorf erst im 18. Jahrhundert. Auf Grund des „Toleranzedikts" von Potsdam hatte Kurfürst Friedrich Wilhelm I. von Brandenburg (der „Große Kurfürst") evangelische Glaubensverfolgte aus ganz Europa aufgenommen. Am bekanntesten waren die Hugenotten aus Frankreich. Aber auch aus Böhmen kamen 1737 protestantische Familien, insgesamt 750 Personen. Sie gehörten verschiedenen Konfessionen an: Reformierte, Lutheraner und die böhmische „Brüdergemeine". Erst 1940 fanden sie sich zusammen als „Evangelisch reformierte Sammelgemeinde für Berlin".

Aus Richardsdorf wurde erst im 19. Jahrhundert verkürzt „Rixdorf", ja zeitweilig – ganz zutreffend – „Böhmisch-Rixdorf". Böhmische Traditionen werden übrigens bis heute dort gelebt. Berühmt sind die Bläserchöre, wie überhaupt die Musik in der Brüdergemeine eine große Rolle spielt. Übrigens: die Schreibweise „...gemeine" ist kein Druckfehler. Bewusst nennen sich die Böhmischen Brüder (und Schwestern) „Gemeine", abgeleitet vom Begriff der Gemeinschaft. Viele Ausdrücke aus der tschechischen Sprache sind ebenfalls bis heute in Gebrauch. Viele sprechen tschechisch – auch noch nach fast 300 Jahren. Man erzählt sich von einem Mann, der Anfang des 20. Jahrhunderts lebte und bis zu seinem Tode kein einziges Wort Deutsch sprach! Obwohl er hier geboren war.

Deutsche und Böhmen lebten über Jahrhunderte friedlich nebeneinander in Rixdorf. Der Boden war karg und auf den Sanddünen der Rollberge standen bald 14 Windmühlen, die den Bauern ein zusätzliches karges Einkommen bescherten. Doch im 19. Jahrhundert erkannte man – angesichts der aufstrebenden Nachbarstadt Berlin – den Wert dieser Sanddünen. Sand und Kies wurden „gangbarer Handelsartikel" für den Bau der neuen Wohnungen in Berlin. Die Rollberge wurden abgetragen. An ihrer Stelle entstanden Mietskasernen. Denn auch Rixdorf – im Einzugsgebiet von Berlin – wuchs ständig und war mit 80.000 Einwohnern zur Jahrhundertwende 19./20. Jh. Deutschlands größtes Dorf. 1899 wurde Rixdorf Stadt, damals eine permanente Großbaustelle: Neben der Anlage neuer Straßen, der Kanalisation und der Gaslaternen wurden viele neue Häuser gebaut, aber auch Schulen, denn es gab schon ca. 2.000 Schulkinder. Von 1875 bis 1905 hatte sich die Bevölkerung Rixdorfs verzehnfacht: von 15.323 auf 153.512. Es waren zumeist Industriearbeiter mit ihren Familien.

Ein „Arbeiterbezirk" blieb Rixdorf-Neukölln bis heute. Und eine „Multikultistadt", wie man unschwer erkennen kann, wenn man heute durch die Haupteinkaufsstraße Neuköllns, die Karl-Marx-Straße, bummelt. „Immer wieder Fremde" heißt darum treffend ein Buch, das 1994 im Auftrag des Evangelischen Kirchenkreises Neukölln und dem Bezirksamt Neukölln, Abteilung Volksbildung, erschien und die vielfältige Neuköllner Kirchengeschichte widerspiegelt. Heute sind die „Fremden" Menschen aus allen Nationen, vor allem aus der Türkei, die das Stadtbild Neuköllns prägen. Schon in der Vergangenheit hatte man einen Spaziergang durch Rixdorf eher kritisch gesehen. Carl Weise schrieb 1874:

„Wer von Berlin nach Rixdorf reiste,
den gab man einst verloren schon.
Und wen der Sand nicht ganz verspeiste,
der hieß Fortunas Lieblingssohn."

Vom alten Richardsdorf über Rixdorf bis zum heutigen Neukölln, der „Multikultistadt"

Ausgangspunkt für diesen ökumenischen Spazierweg ist der S- und U-Bhf. Neukölln an der Karl-Marx-Straße.

Geht man vom Bahnhof die Karl-Marx-Straße in nördlicher Richtung, kann man den Turm der Magdalenenkirche schon sehen. Diese Kirche wurde bereits Anfang des 19. Jahrhunderts geplant, denn die alte Dorfkirche (Bethlehemskirche) am Richardplatz war längst zu klein geworden für das wachsende Rixdorf. Doch die Verhandlungen über den Bau auf dem 1819 angelegten Gelände des Rixdorfer Friedhofs zogen sich über 75 Jahre hin. Erst 1877 konnte der Grundstein gelegt werden. Den Entwurf zur Kirche lieferte der Kreisbaumeister Bohl aus Teltow. Als der Bau am 25. März 1879 eingeweiht wurde, lebte Bohl schon in Danzig. Die Magdalenenkirche wurde mehrfach im Inneren umgestaltet und renoviert, überstand den 2. Weltkrieg weitgehend unbeschadet und musste in den 80er Jahren grundlegend restauriert werden. Vor allem die Orgel aus dem Jahre 1910 war stark beschädigt und musste erneuert werden. Seit Anfang 1987 steht die Magdalenenkirche unter Denkmalschutz und hat im Innern weitgehend den Originalzustand des Eröffnungsjahres zurückerhalten. Das Kruzifix auf dem neuen Altar hatte bis 1879 noch in der Dorfkirche gestanden. Die Kunstglasfenster sind modern und stammen von Paul Ohnsorge.

Ein eigener Kirchhof, ein altes Pfarrhaus von 1908 und ein neues Gemeindehaus aus dem Jahr 1958 gehören zur Magdalenen-Gemeinde.

Gleich hinter der Kirche, in der Kirchhofstraße, befindet sich der Bethlehems-Kirchhof, auch „Böhmischer Gottesacker" genannt. Der alte, ursprüngliche „Gottesacker" der Brüdergemeine, 1735 bereits angelegt, liegt in Kreuzberg an der Blücherstraße/Mehringdamm. Doch hier in Neukölln, seit 1751, ist es ein gemeinsamer Friedhof aller Böhmen: der Lutheraner, der Reformierten und der Brüdergemeine. Letztere Konfession hatte ja ursprünglich ihr Gotteshaus in Berlin-Mitte, an der Mauer-/Ecke Krausenstraße. Die dortige Kirche wurde im 2. Weltkrieg zerstört und die Gemeindemitglieder fanden nach dem Kriege hier in Neukölln bei ihren Glaubensbrüdern „Exil" (seit 1950).

Ein kurzer Blick in die Geschichte: Im 15. Jahrhundert gab es in Böhmen eine Bewegung, die in einer furchtbaren Tragödie endete. Die „Hussiten", so nannten sich die Anhänger von Johannes Hus, der 1370 in Böhmen geboren wurde, in Prag Professor war, und in Konstanz 1415 beim Konzil als Ketzer verbrannt wurde, probten einen Aufstand. Blutig wurde er in den so genannten Hussitenkriegen niedergeschlagen. Nichtmilitante Reste dieser protestantischen Gruppe hielten sich in Böhmen und in Mähren in Stille und Verborgenheit. Eine Anzahl von Männern schloss sich 1457 im nördlichen Böhmen zu einer Gemeinschaft der „Brüder des Gesetzes Christi" zusammen. Man nannte sie die „Böhmischen Brüder", oder die „Brüder-Unität". Unter Mitwirkung von Waldensern – einer evangelischen Gruppe, deren Priester und Bischöfe in der „apostolischen Sukzession" standen, wurden die ersten Brüderpriester und -bischöfe geweiht.

Ab 1520 entwickelte sich Jungbunzlau (Mlada Boleslaw), zum Zentrum, zum „Rom" der Brüder-Unität. Man hatte Kontakt zu Calvin, Luther und Erasmus von Rotterdam. Aber man hatte eine eigene Tradition, einen eigenen Weg: Landessprache im Gottesdienst, Kelchkommunion usw. Alles das einte sie mit der neuen reformatorischen Bewegung. In der Zeit des Dreißigjährigen Krieges wurde aber diese reformatorische Bewegung, die viel älter war als die lutherische und calvinistische, besonders schwer getroffen. Die im Majestätsbrief Kaiser Rudolfs II. im Jahre 1609 zugesicherte Religionsfreiheit wurde von Kaiser Ferdinand widerrufen, und blutige Verfolgungen brachen gegen die Böhmischen Brüder aus. Es kam zum berüchtigten „Prager Blutgericht" 1621. Schließlich wurden die Böhmischen Brüder mit ihren Familien aus dem Land vertrieben. Es setzte eine große Auswanderungsbewegung ein. Ein Großteil der tschechisch sprechenden Böhmen fand zunächst in der Oberlausitz Zuflucht – unter dem Schutz des Grafen Zinzendorf – im kleinen Ort Herrnhut. Sie gründeten dort eine Handwerkerkolonie mit eigenen Lebensformen. Die Bibel galt als oberste Richtschnur. Alle Einwohner unterwarfen sich freiwillig einer neuen strengen Lebensordnung: „Gemeinsames Erleben, Bruderliebe, Solidarität und Toleranz" wollten sie leben und gestalten.

Graf Zinzendorf unterstützte diese Herrnhuter Brüder. Auch in Nachbardörfern wie Großhennersdorf und Gerlachsheim lebten sie. Und einige Hundert zogen schließlich auch nach Norden – ins preußische Rixdorf.

Der preußische König Friedrich Wilhelm I. (der auch der „Soldatenkönig“ genannt wurde) hatte zuvor schon den Salzburger Protestanten Asyl gewährt. Nun ließ er 1732 die „Böhmischen Brüder“ ins Land. Immer mehr folgten mit ihren Familien. 1737 waren es im Ganzen 700 Böhmen, die in Berlin und Umgebung, vor allem hier in Rixdorf, ihre neue Heimat fanden, mit ihrer Kultur und ihrer Sprache. Namen wie Wanzlik und Weyprachtitzsky, Kopezky und Pulkrabek, Macacek und Lischka, Hladik, Neszpor, Marecek und Horacek, Krystek, Papesch, Kupka und Schudoma gab es nun hier in Böhmisch-Rixdorf. Letzterer fand sogar Eingang in einen Straßennamen.

Die Zuwanderer nannte man nicht „Asylanten“, sondern „Exulanten“, aber wie heute schaute man auch damals etwas abschätzig auf sie herab. Zudem gab es untereinander eine ganze Menge Streit. Da gab es die „Lutheraner“, die „Reformierten“ und eben jene „Herrnhuter“ mit ihrer „Brüdergemeine“. Jede Glaubensgemeinschaft hatte ihr eigenes Gotteshaus. Die Lutheraner beanspruchten zum Beispiel die alte Dorfkirche, die sie Bethlehemskirche nannten. Die konfessionellen Meinungsverschiedenheiten, gab es auch noch im19. Jahrhundert, sie sind heute weitgehend überwunden. Was alle drei Glaubensrichtungen der böhmischen Protestanten eint, ist das Gemeindeleben, das Laien verantwortlich an der Gemeindeleitung beteiligt.

Nach wenigen Schritten erreichen wir über die Kirchhofstraße das Zentrum des alten Rixdorfs, den Richardplatz. Hier und in den benachbarten Straßen findet man noch zahlreiche alte, unter Denkmalschutz stehende Bauernhäuser aus der „böhmischen“ Zeit. In der Mitte des Platzes steht sogar noch die alte Dorfschmiede, in der immer noch ein Kunstschmied wohnt und arbeitet. Auf der rechten Seite des Platzes der einzige Fuhrunternehmer Berlins, Joachim Schöne, – übrigens auch ein Nachfahre der alten Böhmen – der bis heute seine Hochzeitskutschen verleiht und 16 Pferde und 52 Kutschwagen besitzt. Besonders stimmungsvoll ist in jedem Jahr am 2. Adventswochenende der „Alt-Rixdorfer Weihnachtsmarkt“, ein nicht-kommerzieller Markt, auf dem überwiegend die Kirchengemeinden und soziale Einrichtungen und Verbände ihre Stände haben.

Am Ende des Richardplatzes steht die alte Dorfkirche, die Bethlehemskirche, Anfang des 15. Jahrhunderts bereits erbaut. Davor, zu Zeiten der Templer, später der Johanniter, mussten die ansässigen Bauern ihre Gottesdienste im Gutshof feiern oder weite Wege zu anderen Kirchen zurücklegen. Die Johanniter, Nachfolger der vom Papst verbotenen Templer, waren bald so arm, dass sie ihre Dörfer 1435 an die Stadt Berlin-Cölln verkauften. Nicht so die Rixdorfer Kirche. Sie blieb selbständig. Im Dreißigjährigen Krieg wurde sie niedergebrannt. Doch bald danach wurde sie wieder aufgebaut und erhielt den heutigen Turm. Einen Dorfbrand von 1803 überstand sie leidlich. Als die Böhmen kamen, fanden sie hier gleich ein Gotteshaus vor, das sie dann auch nutzten. Seit 1887 diente die Kirche dann ausschließlich der Böhmisch-lutherischen Gemeinde. 1939 - 41 und 1985/86 wurde sie jeweils grundlegend saniert.

Von der Bethlehemskirche führt unser Weg direkt über die Richardstraße in die Kirchgasse, wo auch noch weitere böhmische Bauernhäuser und die alte Schule zu sehen sind. Dort befindet sich der 1962 erbaute Betsaal der „Herrnhuter Brüdergemeine“, die rund 450 Gemeindemitglieder umfasst.

1761 erbauten sie den ersten, schlichten Kirchsaal als Gotteshaus: wie in Herrnhut - mit ganz einfacher Ausstattung: weiße Wände und Bänke, kein Kreuz, kein Altar, keine Kanzel, kein religiöses Bild. Und so wurde auch der zweite Kirchsaal von 1962 ausgestattet.

Zum Gemeindezentrum der Herrnhuter Brüdergemeine gehören auch ein Seniorenwohnhaus, eine Seniorentagesstätte, eine Grundschule und eine Kindertagesstätte. Seit 1995 entstand in enger Zusammenarbeit mit dem Bezirksamt Neukölln und dem „Förderkreis Böhmisches Dorf e.V.“ eine sehenswerte Garten- und Parkanlage zwischen dem Zentrum und dem Karl-Marx-Platz: der „Comeniusgarten“. Der Namensgeber, Jan Amos Komensky (Comenius), 1592 - 1670, war der letzte Bischof der Böhmischen Brüder. Er hatte, wie die seit 1737 in Rixdorf ansässigen Nachfahren dieser Glaubensgemeinschaft seine Heimat verlassen müssen und starb im Exil. Comenius war nicht nur Theologe und Pädagoge, sondern auch „Philosoph, Friedensmann und Weltenbürger“, so heißt es. Die UNESCO ehrte J.A. Komensky anlässlich seines 400. Geburtstages, weil er „zur Neugestaltung menschlichen Lebens durch Erziehung, Recht und Menschlichkeit Entscheidendes beigetragen hat“. Die „Weltversammlung für Gerechtigkeit, Frieden und Bewahrung der Schöpfung“ war seine Idee.

Die UNO sieht ihn als ihren „geistigen Vater". Im Comeniusgarten findet man sein Denkmal. Ebenso findet man an der Kirchgasse auch das Denkmal des „Großen Kurfürsten" Friedrich Wilhelm I., der für die Ansiedlung der Böhmen in Preußen sorgte.

Der Comeniusgarten ist besonders im Frühjahr und Sommer ein besonderes Kleinod. Er ist mehr als eine „normale Parkanlage". Man findet dort neben dem „Lebensbaum" (ein Walnußbaum) das Veilchenbeet, den Wiesenteppich, das „Mosaische Becken der Schöpfung", das „Seelenparadies mit Lebensquell", die Arzneigärten mit Heilkräutern, einen Irrgarten, den Rosenhain und das „Auge Gottes". Immer wieder also „Orte der Sammlung".

Dafür sollte sich der Besucher Zeit mitbringen.

Zurück zum Richardplatz, führt der Spazierweg weiter durch die Schudomastraße, vorbei an der Bethlehemskirche, bis zur Ecke Braunschweiger Straße. Hier befindet sich das Kath. Gemeindezentrum St. Richard. Der Name knüpft an die alte Templertradition an, an das alte Richardsdorf. Dabei ist die katholische Gemeinde hier in dieser Gegend etwas mehr als 65 Jahre alt. Am 3. Dezember 1930 errichtete der damalige katholische Bischof von Berlin, Dr. Christian Schreiber, die kirchlich „seelsorglich selbständige Kuratie" St. Richard. Angestoßen von dem Pfarrer der katholischen Hauptpfarrei St. Clara in Neukölln, Viktor Trawnik, war die Gemeinde ca. 45 Jahre lang ein Provisorium mit einem kleinen Pfarrsaal und einer Holzbaracke. Heute gehört zu der Gemeinde auch der im früheren Ostteil gelegene Stadtteil Baumschulenweg. Das jetzige Pfarrzentrum St. Richard, entworfen von dem Architekten Michael König in Zusammenarbeit mit dem Bildhauer Paul Ohnsorge, entstand 1975. Letzterer schuf das eindrucksvolle Altarrelief in der Kirche. Neben dem Gemeindezentrum befindet sich das kath. Seniorenzentrum St. Richard für 92 Bewohner, die u.a. in 60 Einzelzimmern wohnen, und eine Kindertagesstätte.

Geht man jetzt die Schudomastraße ein Stück zurück bis zur Böhmischen Straße, die im Halbkreis um das alte Rixdorf verläuft, so stößt man an der Ecke Böhmische Str./Hertzbergstraße auf eine weitere Kirche. Es ist das Gotteshaus und Gemeindezentrum der Ev. freikirchlichen Gemeinde (Baptisten) in Neukölln (Hertzbergstraße 4-6). Die Böhmische Straße mündet in die Donaustraße. Rechts in der Treptower Str./Ecke Wilhelm-Busch-Straße befindet sich die kleine evangelische Ananias-Gemeinde mit einem schlichten Gotteshaus. Sie gehört jetzt zur Martin-Luther-Kirchgemeinde jenseits der Sonnenallee. In der Donaustraße folgt jedoch nach wenigen Schritten der große Komplex der katholischen Oberschule St. Marien (Hauptschule, Realschule, Gymnasium). Seit 1962 befindet sie sich hier, damals auch mit einer Grundschule, die aber seit 1979 in der Gropiusstadt beheimatet ist. Die Kath. Schule St. Marien hat eine lange Tradition und war vor dem Kriege auf dem Gelände der katholischen St. Clara-Kirche an der Kienitzer Straße angesiedelt. Bereits seit 1868 gab es dort eine katholische Gemeindeschule. Um die Jahrhundertwende, im Jahre 1899 , gab es bereits 820 Schülerinnen und Schüler, unterrichtet von 14 Lehrkräften in 16 Klassen. 1938 wurde die Schule, ebenso wie 58 andere katholische öffentliche Volksschulen „entkonfessionalisiert“, d.h. aufgehoben.

Ein Neuanfang gab es bereits 1948 unter dem rührigen Pfarrer von St. Clara, Geistlicher Rat Victor Trawnik. Aus Schlesien vertriebene „Arme Schulschwestern Unserer Lieben Frau“ begannen unter primitivsten Bedingungen mit dem Schulbetrieb. Die erste „Katholische Einheitsschule“ stieß auf heftigen Widerstand seitens der damaligen überwiegend atheistischen, ja kommunistischen Schulbehörden. Ein scharfer Protest setzte ein, eine böse Kampagne in den Medien. Die Schule wurde bekämpft, die Eltern sogar mit Geld- und Freiheitsstrafen bedroht. Im November 1948 wandten sich Geistlicher Rat Trawnik und die damalige Oberin, Schwester Erentrudis an den amerikanischen Stadtkommandanten und hörten dort, das Hauptschulamt hätte die Eingabe um die Genehmigung überhaupt gar nicht weitergereicht. Der Boykott der katholischen Privatschule war hart: Es gab nichts: kein Heizmaterial im Winter, keine Schulspeisung, keine Fahrgeldermäßigungen. Man kämpfte sich aber weiter durch. Geistlicher Rat Trawnik reiste nach Rom, um von Papst Pius XII. persönlich eine Spende für die Schule zu erbitten. Im Schuljahr 1949/50 hatten sich über 300 Kinder, darunter 190 Schulanfänger, für die St. Marienschule angemeldet. Im November 1949 traf eine „Visititation“ von Schulräten des Hauptschulamts ein. Was haben sie bemängelt? Dass die Wissensvermittlung besonders bei den Kleinen durch 2 Stunden Religion in der Woche beeinträchtigt werden könnte! Die endgültige Anerkennung der St. Marienschule als „Privatschule öffentlichen Rechts“ erfolgte staatlicherseits erst im Dezember 1955, die des Gymnasiums, (damals "Oberschule wissenschaftlichen Zweiges“) 1956.

Die Ordensgemeinschaft der „Armen Schulschwestern" waren Schulträger und „Bauherren" der jetzigen Schule in der Donaustraße, bis das Bischöfliche Ordinariat die Trägerschaft übernahm. Das war am 1. Januar 1970. Vorher bereits hatten sie die – auch finanziell – große Aufgabe der Errichtung des Schulneubaus hier an der Donaustraße. Die Einweihung des großen Schulkomplexes fand am 12. September 1962 durch den damaligen Erzbischof Alfred Kardinal Bengsch statt. Es folgten noch weitere Anbauten z.B. eine Turnhalle 1967/68 und das Konventsgebäude der Schwestern mit der Kapelle 1974.

Heute gibt es – genau: seit 2001 – keine Ordensschwester mehr im aktiven Schuldienst. Aus Nachwuchsmangel mussten sie ihre Lehrtätigkeit an dieser so mit ihrem Namen verbundenen Schule in Neukölln aufgeben. Das Andenken der „Armen Schulschwestern" wird jedoch bis heute hochgehalten.

Auf unserem weiteren Weg die Donaustraße entlang sehen wir nun schon bald den 70 m hohen Turm des Neuköllner Rathauses, 1905 - 1908 von Reinhold Kiehl erbaut. Das alte Amtshaus von 1879 fiel im 2. Weltkrieg den Bomben zum Opfer. Das Rathaus für die aufstrebende Stadt Rixdorf, mit dem Turm als „Wahrzeichen der Größe", sollte repräsentieren. Wer diesen Ort betrat, sollte die nötige Ehrfurcht haben. In einer Chronik heißt es: „Hier, wo heute die Räume der Stadtkasse untergebracht sind, war einst der Haupteingang ... Einige Stufen führten hinauf zur offenen Türhalle im pompejanischen Stil, deren Gewölbedecke mit reichen allegorischen Darstellungen in Mosaikarbeit geschmückt sind ..." Wobei einige Spötter später bemerkten, dass der pompejanische Stil ein Spezifikum Berliner Bauart sei: „Vorne Pomp und hinten janischt".

Lassen wir also das Rathaus „rechts liegen" und gehen durch die Anzengruber Straße, vorbei am Postamt, über die belebte Haupteinkaufsstraße Neuköllns hinweg, am Kaufhaus „Hertie" vorbei, etwas nach Süden bis zur Briesestraße. Hier finden wir die älteste katholische Kirche Neuköllns nach der Reformation, die St. Clara-Kirche. Von außen ähnelt die Kirche vielen um die Jahrhundertwende entstandenen neugotischen Kirchen. Obwohl sie im Innern mit ihrer Säulenreihe durchaus interessant ist, hatte der behördliche „Provinzialkonservator" bereits 1939 konstatiert, dass sie „kein Bau von unmittelbarem Denkmalwert" sei. August Menken hatte sie 1896/97 erbaut. Drei Jahre zuvor war St. Clara eigenständige Pfarrei geworden. Aber die Geschichte der katholischen Gemeinde geht zurück auf das Jahr 1837. Damals beschlossen vier (von etwa 20) katholische Familien, eine gemietete „Zimmerkapelle" zu errichten, wo sie sich – mangels Priester – zu Gebet und „Laiengottesdienst"versammelten.

Nacheinander folgten zwei weitere „Zimmerkapellen". Das gab es also auch schon in der katholischen Kirche. Erst 1863 kam gelegentlich von St. Michael in Berlin aus ein Priester vorbei, um hier eine Heilige Messe zu feiern. 1868 folgte eine kleine katholische Schule (siehe oben) und 1873 wurde die jetzige Gemeinde gegründet. Ein erster Pfarrer für Rixdorf kam 1898, Alfred Kobel. Zu dieser Zeit lebten in Rixdorf bereits 10.000 Katholiken. Heute sind es noch knapp 9.000. Die Kirche wurde mehrfach umgestaltet, zuletzt 1968 und1981 durch Paul Brandenburg. Sie überlebte den 2. Weltkrieg weitgehend unbeschadet. 1977 entstand ein neues Gemeindehaus auf dem Kirchgrundstück.

Die St. Clara-Kirche steht am Rande des so genannten Rollberge-Viertels. Über die „Rollberge" habe ich schon in der allgemeinen Einführung kurz berichtet. Die Rixdorfer Bauern hatten hier ihre Windmühlen, später die Berge für den Sand- und Kiesabbau verkauft. Die benachbarte Metropole Berlin brauchte für den Neubau von Häusern eben jenen Kies. Und so wurde mit Kies „Kies" verdient. Ein bisschen merkt man es schon, geht man von der Karl-Marx-Straße in Richtung Hermannstraße. Man geht etwas bergauf. Aber die Rollberge sind weitgehend abgetragen.

Kurz vor dem 1. Weltkrieg, ab dem Jahre 1913, entstand hier an den Rollbergen eine Mietskasernenbebauung, die ganz schrecklich war. Fünf Längs- und drei Querstraßen umfasste sie. Die Grundfläche der Häuser bedeckte fast immer zwei Drittel des Grundstückes – eine Maximalausnutzung! Die Höfe waren ca. 60 qm groß, ohne jegliche Grünflächen oder Kinderspielmöglichkeiten, und mit Toiletten, wenn nicht dort, dann auf dem Treppenpodest. Es kam vor, dass sich 30 Mieter vier Toiletten auf dem Hof teilen mussten. Wider alle Erkenntnis der menschlichen Hygiene und wider jegliche Würde des Menschen waren auch die Wohnungen selbst in Häusern, die meist vier- bis fünfgeschossig vor die erste Bebauung gestellt worden waren und somit den hinteren und Quergebäuden Licht und Sonne nahmen.

Auch die klassizistisch aufgemöbelten Fassaden konnten nicht über das Innenleben der Häuser hinwegtäuschen. Das Rollberg-Viertel wurde somit zu einem echten Problemviertel. Üblich war, dass in Ein-/Zwei-Zimmer-Wohnungen Familien mit zehn Kindern lebten.

Ein alteingesessener Neuköllner erinnert sich: „Rollberge? Das ist da, wo ich als Junge nie spielen durfte, wegen der Leute, wegen der vielen Kinder, und die hatten nur Asoziale ..." Es war auch das „Milljöh" eines „Hauptmann von Köpenick", den Carl Zuckmayer so treffend beschrieb. Der Schuster Wilhelm Voigt wohnte nämlich hier in Rixdorf bei seinem Schwager. Die bei Zuckmayer so drastisch und erschütternd geschilderte Szene mit dem schwindsüchtigen Mädchen, das vom Himmel träumt – hier soll das gewesen sein ...

Die Gegend war ein besonderer „Kiez", mit kleinen Handwerkerbetrieben auf dem Hinterhof, mit kleinen Eckkneipen, eben ein besonderes „Idyll". Doch nach dem Kriege wurde die Gegend radikal saniert. Viele der alten Mietskasernen wurden abgerissen, neue Wohnblocks entstanden. Manche bedauern das. Aber heute ist das Wohnen im Rollberg-Viertel wieder menschlicher geworden.

Überqueren wir nun die Hermannstraße und gelangen in die Herrfurthstraße, kommen wir nun in den „vornehmen Neuöllner Westen" und sehen schon bald eine weitere Kirche: die Genezarethkirche auf dem Herrfurthplatz. Im letzten Jahrzehnt des 19. Jahrhunderts begann Rixdorf nach Westen hin zu wachsen. Schon seit 1891 wurden in der Friedhofskapelle des Luisenstädtischen Kirchhofs an der Hermannstraße Gottesdienste gehalten, auch in einer Schule. Am 18. September 1903 konnte schließlich auf dem Herrfurthplatz der Grundstein für eine neue Kirche gelegt werden. Architekt war Franz Schwechten, der Erbauer der Kaiser-Wilhelm-Gedächtniskirche. Er wählte hier in Neukölln den Grundriss eines griechischen Kreuzes und hielt sich an die Stilform eines neugotischen Backsteinbaus, obwohl er eigentlich schon – um das Jahr 1906 – mit dem „Jugendstil" liebäugelte, was sich auch im Innern der Kirche schon andeutet. Der Turm war ursprünglich 62 Meter hoch. Die Neuköllner Genezarethkirche entstand noch ganz traditionell mitten auf dem Platz. Wegen der Nähe zum Flughafen Tempelhof musste die Turmspitze 1939/40 abgetragen und auf 38 m verkürzt werden, nach dem Kriege wurde sie noch weiter verkürzt. Nach Schäden im 2. Weltkrieg wurde die Genezarethkirche 1955 wiederhergestellt und neu gestaltet. Die farbige Glaswand „Brennender Dornbusch" von H. Grieshaber und das große Kruzifix von Christian Höpfner (1964) sind bemerkenswerte Ausstattungsstücke.

Über die Schillerpromenade führt unser Weg weiter zur Leinestraße. Das alte Schulgebäude und der St. Thomas-Kirchhof dahinter führt eigentlich weiter zu einer großen Sportanlage. Es ist das Stadion Neukölln, das nach dem Krieg „Werner-Seelenbinder-Kampfbahn“ hieß. Warum erwähne ich das gerade hier in einem Buch über ökumenische Spazierwege? Man hat Werner Seelenbinder, den Neuköllner Arbeitersportler und Kommunisten, Deutscher Meister im Halbschwergewicht der Ringer, Olympiasieger 1936, der für seine Überzeugung, für eine bessere Welt, ins KZ und in den Tod ging, heute so gut wie vergessen. Auch die „Werner-Seelenbinder-Halle“ im Ostteil der Stadt trägt nicht mehr seinen Namen. Gerade als Christen sollten wir nicht nur unsere eigenen, christlichen Widerstandskämpfer in unser Gebet nehmen, sondern auch solche, die für ihre humanitäre Überzeugung in den Tod gegangen sind.

Über die Leinestraße gelangen wir nun wieder zurück zur Hermannstraße mit den bekannten Friedhöfen bzw. Kirchhöfen. Eine ganze „Friedhofslandschaft“ gibt es hier an der Hermannstraße. Der erste ist der Alte St. Michaels-Friedhof, 1867 bereits entstanden. Im Laufe der rund 140 Jahre sind hier gut 31.000 Beisetzungen erfolgt, manche Grabstellen wurden viermal belegt. Eine der alten Grabstellen ist z.B. das der Familie des Bäckermeisters Albert Serno. Er hatte viele Grundstücke in seinem Besitz, u.a. auch das an der Briesestraße. Auf seinem Grundstück steht heute das Pfarrhaus und Gemeindezentrum der St. Clara-Kirche.

Auf dem Friedhof können wir auch das Standbild des hl. Michaels bewundern, aus der Zeit um die Jahrhundertwende. Der Friedhof ist eine „Oase im Großstadttrubel“ mit schönem alten Baumbestand und gepflegten Anlagen. Etwa 80 Parkbänke laden zum Verweilen, zur Besinnung und Erholung ein.

Der Weg durch die Jonasstraße führt uns auf eine weitere Sehenswürdigkeit zu: den Körnerpark, einer der eigentümlichsten Parkanlagen Berlins. Er entstand 1912-13 auf dem Gelände einer ehemaligen Sand- und Kiesgrube. Franz Theodor Körner hieß der Besitzer. Einen beträchtlichen Teil seines Landes und seinen eigenen Garten stiftete er für die Anlage dieses barocken Parks. Körner hatte zunächst mit dem Widerstand der Behörden zu kämpfen.

Bis zu sieben Metern unter dem Niveau der angrenzenden Straßen wurde diese eigenwillige Anlage errichtet, mit architektonisch reich gegliederten Steinmauern. Herrliche Springbrunnen und Kaskaden, barocke Beete, eine Orangerie, ein Garten-Café – ein Paradies zum Wohlfühlen entstand hier.

Dr. Carl Sonnenschein, katholischer Priester und „Sozialapostel", hatte über Neukölln und speziell diesen Körnerpark, in seinen „Weltstadtnotizen" (7.3. 1926) geschrieben: „Viele ... Berliner Bürger sind noch nie dagewesen. Es lohnt sich, vom Rathaus auf diese moderne Stadt und das Netz ihrer Straßen herniederzuschauen. Auf diese nüchterne Stadt. Auf diese arbeitsharte Stadt. Auf diese in Zusammenfassung und Organisation knirschende Stadt ... Vom Rathaus wandern wir durch den Körnerpark. Ausgehöhlte Sandgruben. Man sagt, der Besitzer habe sich hier seinen „Kommerzienrat" erbuddelt. Gut bepflanzt. Platz für einen Kaffee ... Drüben Wasserfälle. Du glaubst, in Frascati oder Tivoli zu sein. Mitten in Neukölln! Spielplatz für Kinder ..."

Vom Körnerpark ist es nicht mehr weit zum Ausgangspunkt dieser Wanderung, dem U- und S-Bhf. Neukölln.

Route 9:

Britzer ökumenische Spazierwege

Allgemeine Einführung:

Britz gilt als die „grüne Oase" des Bezirks Neukölln, nicht erst seit der Planung und Errichtung der Bundesgartenschau 1987 westlich des Dorfes, heute der „Britzer Garten". Als West-Berlin noch eine „Insel im Roten Meer" war, hatte man den West-Berliner Einwohnern und ihren Gästen hier ein Stück „Baumblütenfest" als Ersatz für das damals schwer erreichbare Werder/Havel geboten. Rund um Britz – in einem Halbkreis – gab es und gibt es noch viele Laubenkolonien mit den schönen Namen „Sorgenfrei", „Zufriedenheit", „Guter Wille", aber auch „Berggeist", „Edelweiß" oder „Deutsche Scholle".

Nun, Britz ist sicher eine besondere Ecke Berlins. Bereits in der Steinzeit, so haben Archäologen festgestellt, gab es hier eine Siedlung (eine Steinkeule aus der Zeit um 8000 v. Chr. fand man hier). Im 6. Jahrhundert nach Christus siedelten hier Germanen. Die Grabstelle einer jungen Frau, das sog. „Britzer Mädchen", fand man hier. Die Grabbeigaben weisen darauf hin, dass sie aus einer wohlhabenden Familie stammte. Im Mund hatte das Mädchen den so genannten „Charonspfennig". Das war das „Eintrittsgeld" für den Fährmann bei der Fahrt in die Unterwelt. Diese Münze trug aber erstaunlicherweise christliche Motive – ein Kreuz.

In Urkunden erwähnt wurde der Ort Britz erst in dem Jahrbuch von Kaiser Karl IV. im Jahre 1375. Doch der Name ist viel älter. „Breza" ist nämlich ein alter slawischer Name und bedeutet auf deutsch die „Birke". Im Gegensatz zu Buckow - das kommt von „buk" = die Rotbuche. In der Urkunde von 1375 wird Britz noch „Britzig" genannt, und ein Geschlecht der „Herren von Britzke". Dieses Adelsgeschlecht wird im 12. Jahrhundert hier eingewandert sein und wahrscheinlich den Namen des hier schon bestehenden Ortes angenommen haben.

Bevor wir also einen ökumenischen Spaziergang durch Britz unternehmen, sollte man wissen, dass es hier die ersten ökumenischen Initiativen und Ansätze bereits in den 70er Jahren des 20. Jahrhunderts gegeben hat, die mittlerweile berühmten „Ökumenischen Britzer Pfingst-Spazierwege", jeweils am Pfingstmontag jeden Jahres. Im Schnitt waren es 150 bis 160 Teilnehmer aus allen katholischen und evangelischen Gemeinden von Britz. Sie trafen sich in der Regel gegen 14 Uhr am Pfingstmontag, in jeweils einer anderen Kirchengemeinde, zogen dann mit Gesang und Gebet, zumeist über den Britzer Grünzug, zu einer weiteren Kirchgemeinde, feierten dort Gottesdienst und trafen sich hinterher bei Kaffee und Kuchen im Pfarrsaal. Diese nachahmenswerte Initiative geht zurück auf zwei Pfarrer, die Anfang der 70er Jahre Freundschaft schlossen und meinten, es müsse etwas konkret für die Ökumene in Britz getan werden: Konsistorialrat Monsignore Heinz-Wolfgang Schiele für die katholische Schutzengel-Gemeinde (heute im Ruhestand in Berlin-Gatow), und der evangelische Pfarrer Claus Marcus von der Dorfkirchengemeinde Britz (später Superintendent in Reinickendorf und heute im Ruhestand in Berlin-Wannsee lebend) – das waren die beiden ökumenisch engagierten Pfarrer jener Zeit. Sie konnten ganz schnell ihre Nachbarn für das ökumenische Projekt gewinnen: die Hephatha-Gemeinde in Britz-Süd, die Johann-Christoph-Blumhardt-Kirche am Buckower Damm, die Fürbitt-Gemeinde nördlich des Teltowkanals und die katholische Bruder-Klaus-Gemeinde in Britz-Süd. Gelebte und praktizierte Ökumene! Leider ist diese großartige Tradition vor einigen Jahren eingeschlafen. Von der Hephatha-Gemeinde ausgehend, werden jetzt – seit ca. drei Jahren – statt der Spaziergänge Ökumenische Gottesdienste am Pfingstmontag auf dem Gelände des „Britzer Gartens" angeboten, die aber zu einer Zeit stattfinden, wo katholische Gläubige ihre Heilige Messen besuchen wollen, also am Vormittag um 10 Uhr. Damit wurde der Ökumene kein Dienst erwiesen!

Britzer ökumenischer Weg:

Kommt man heute nach Britz, mit dem eigenen Pkw oder dem Autobus, sollte man an der Ecke Britzer Damm / Ecke Fulhamer Allee aussteigen (rechts) und in die Straße Alt-Britz links hineinlaufen. An der alten Dorfstraße gelangt man zunächst (auf der rechten Seite) zur katholischen Schutzengelkirche.

Sie wurde 1960/61 von dem Architekten Rudolf Grosse erbaut, der zuvor das Schillertheater in Berlin errichtete. Mit 365 Sitzplätzen ist diese Kirche relativ groß, fügt sich jedoch gut in die dörfliche Umgebung ein. Die katholische Gemeinde wurde in Britz 1934 gegründet und umfasste zeitweilig bis zu 8.000 Gläubige. Die Kirche im Innern birgt im Altarraum schöne farbige Fenster, die die schützende Aufgabe der Engel darstellen und 1971 von Paul Corazolla geschaffen wurden. Außerdem gibt es einen Kreuzweg aus Oberammergau und eine Schnitzarbeit des Südtiroler Künstlers Franz Mussner aus dem Grödnertal: eine Madonnenstatue. 1978 wurde auch eine schöne Orgel installiert, mit 18 Registern. Die katholische Gemeinde hat heute noch 1.780 Gläubige, viele engagierte Gruppen: Frauengemeinschaft, Kolpingsfamilie, die größte KAB-Gruppe Berlins, Kirchenchor und eine Orff'sche Instrumentalgruppe.

Ein kurzer Weg zurück zur Fulhamer Allee führt zur Dorfkirche und zum Gemeindezentrum Alt-Britz. Bevor man sich der Dorfkirche zuwendet, sollte man zunächst einmal in das moderne Gemeindehaus hineingehen. Vielleicht gibt es einen freundlichen Mitarbeiter, der dem Besucher den Kellerschlüssel zur Verfügung stellt. Als man nämlich dieses Gemeindehaus errichtete, hat man ab 1967 Mauerreste eines mittelalterlichen Brunnens und eines ersten Hauses gefunden, wahrscheinlich das der Familie von Britzke. Den Brunnen und andere mittelalterliche Ausgrabungsstücke kann man hier unten noch gut erkennen.

Zurück auf ebener Erde widmen wir uns nun der Britzer Dorfkirche, eine von der Lage her „romantischsten" unter den Dorfkirchen im Süden Berlins. Auf einer Halbinsel oberhalb eines Teiches gelegen, vermittelt sie wirklich ein Stück Beschaulichkeit. Dabei ist ihre jetzige Gestalt gar nicht so alt. 1888 wurde sie erst fertiggestellt. Aber die Anfänge dieser Dorfkirche gehen zurück bis ins frühe 13. Jahrhundert. Wahrscheinlich Zisterzienser-Mönche haben hier in den Jahren zwischen 1205 und 1230 mit dem Bau einer ersten kleinen Kirche begonnen. Im Laufe der Jahrhunderte wurde die Britzer Dorfkirche mehrfach verändert, zuletzt im 19. Jahrhundert. Wichtig aber waren stets die Patronats- und Gutsherren von Britz. Da waren zunächst einmal die Herren von Britzke, die zum Teltower Landadel gehörten, und die für die Einführung der Reformation und eines ersten lutherischen Pfarrers sorgten. Der letzte aus diesem Adelsgeschlecht, Hans-Rüdiger von Britz, wurde in einer Gruft unter der Dorfkirche bestattet. Die Gutsbesitzer wechselten. Zwei sollten besonders erwähnt werden: Heinrich Rüdiger von Ilgen (er erwarb 1719 das Britzer Gut und starb 1728) und Ewald Friedrich Graf von Hertzberg 1725-1795). Als Geheimer Rat und Staatsminister unter dem preußischen König Friedrich Wilhelm I. (dem „Soldatenkönig") war von Ilgen maßgeblich an der Gestaltung der preußischen Außenpolitik beteiligt. Aber er hatte eine Leidenschaft: Er war ein Hobbygärtner und schuf den Britzer Gutspark mit seltenen Pflanzen und Gehölzen. So erhielt er z.B. von König Friedrich I. einen Schößling der amerikanischen Robinie geschenkt („Robinia pseudacacia") und pflanzte sie hier in Britz ein. Dieser „Urbaum" aller Robinien stand hier bis 1937 und ist der Ursprung aller in Brandenburg wachsenden Robinien, mittlerweile einer der häufigsten Laubbäume in unserem Land.

Minister von Ilgen hatte aber auch etwas für „seine" Kirche übrig. Er stiftete den auch heute noch bewundernswerten Kanzelaltar in der Britzer Dorfkirche, einer der wenigen und sicher auch einer der schönsten unter den Kanzelaltären in Berlin.

Der andere, nicht weniger bedeutende Gutsherr und preußische Minister war Ewald Friedrich Graf von Hertzberg. Als Minister unter Friedrich dem Großen war er maßgeblich beteiligt am Zustandekommen des Hubertusburger Friedens 1763, der die Schlesischen Kriege beendete. Hier in Britz war seine Residenz. Er liebte diesen Ort und baute den Gutshof zu einem Schloss aus, wo sich zu seiner Zeit wahrlich Preußens „High Society" traf und rauschende Feste feierte. Auch der Kronprinz war mehrfach dabei.

Graf von Hertzberg hatte aber auch eine andere Seite, nämlich sein soziales Engagement, was die Bauern betraf. Er befreite sie von der Leibeigenschaft, führte eine fortschrittliche Landwirtschaft ein, weg von der „Drei-Felder-Wirtschaft". In seiner Zeit gab es 1.200 Schafe für die Wollproduktion in Britz, eine Schnapsbrennerei, eine Maulbeerplantage für die Seidenraupenzucht; Milch- und Fleischprodukte wurden besonders gefördert.

Der Gruftanbau derer von Hertzberg ist heute die Sakristei der Dorfkirche. Mit viel Mühe und erheblichen Kosten konnte man in den 90er

Jahren des 20. Jh. diese wertvolle Gruft mit insgesamt zehn Särgen sichern und retten. Auf dem Grab des berühmten Ministers kann man wieder seinen Degen und Dreispitz sehen und bewundern.

Im Turmhaus der Britzer Dorfkirche ist eine weitere Gruft: die des Kaufmanns und Fabrikbesitzers Julius Wrede und seiner Gemahlin. Wrede erwarb den Gutshof Britz 1874. Seine Meinung hatte in der Britzer Gemeinde Gewicht. Er galt im 19. Jahrhundert – neben dem Gärtnereibesitzer Späth – als der „mächtigste Mann" in Britz, ohne den auch der Ortsvorsteher bzw. Bürgermeister, nichts machen konnte ...

Verlässt man nun das Gelände der Dorfkirche, sollte man eigentlich am Schloss und Schlosspark nicht vorbeigehen ohne einen Blick in die erst 1988 fertiggestellte Anlage zu werfen. Es ist schon erstaunlich, was dort neu angelegt und investiert wurde: 10.000 Stauden und 10.000 Laubsträucher und „Bodendecker", 120 Rhododendren, 100 Nadelbäume, Kübelpflanzen, wie Palmen, – ein einziges Gartendenkmal. Auch das benachbarte „Rosarium" mit vielen Rosenzüchtungen und -veredelungen ist im Sommer sehenswert. Man nennt Britz deswegen auch „Rosen-Britz". Und im Schloss selbst ist das Mobiliar aus der Gründerzeit, und viel Stuck zu bestaunen.

Doch nun laufen wir in Richtung Süden, dem so genannten „Britzer Grünzug" folgend. Er wurde in den 60er Jahren des 20. Jh. angelegt, nachdem man hier südlich des Dorfes Britz in den 50er Jahren ein riesiges Neubaugebiet geplant hatte: Britz-Süd. Auch die U-Bahn wurde damals von der Station Grenzallee bis „Britz-Süd" erweitert.

Der Britzer Grünzug verläuft zunächst durch dichten Wald – parallell zur U-Bahnlinie. Links sieht man verschiedene Schulzentren durch die Bäume durchschimmern, so das A.-Leber-Berufsbildungszentrum und die Schillingschule. Gleich hinter einem Spielplatz erreichen wir das nächste Ziel des Weges: die evangelische Hephatha-Kirche. 1954 wurde das schlichte Gotteshaus von Karl Streckebach errichtet. Die Einweihung des Gemeindezentrums war am 3. Juni 1955. Damit war die Selbständigkeit von der Britzer Dorfkirchengemeinde verbunden. 1970 wurde der Kirchraum nochmals umgestaltet. Seither schwebt über dem Altar eine Stahlskulptur, Christus mit seinen Jüngern im Schiff darstellend. Eine Orgel erhielt die Hephatha-Kirche 1973. Zum Gemeindezentrum gehören ein sechseckiger Gemeindesaal mit darunter liegendem Jugendkeller, Miniclub, Kindertagesstätte und Hort sowie eine Freilichtbühne.

Unweit der Hephatha-Kirche sieht man ein weiteres Gotteshaus, die Bruder-Klaus-Kirche der katholischen Gemeinde. Die am 2. Dezember 1989 konsekrierte, von Jürgen Böker entworfene interessante Kirche ist bereits die zweite an dieser Stelle. Die 1958 - 1960 erbaute Betonkirche von Johannes Jackel mit dem eindrucksvollen überhöhten Mittelschiff, in deren Grundriss zwei lang gestreckte Trapeze sich gegenseitig durchdrangen, war der erste sakrale Stahlbetonskelettbau (in Berlin). 1979 - 1982 musste er wegen Baufälligkeit gesperrt, dann schließlich wegen irreparabler Betonschäden 1987 abgerissen werden. Während die mittelalterlichen Dorfkirchen aus Feldsteinen Jahrhunderte überdauerten, war hier eine moderne Betonkirche nur 27 Jahre alt geworden!

Etwas Gutes im Zeichen der Ökumene muss dabei erwähnt werden: In der Zeit der Sperrung der Kirche, des Abrisses und des Neubaus fand die katholische Pfarrgemeinde von Britz-Süd herzliche Gastfreundschaft in der benachbarten Hephatha-Kirche, und hielt dort ihre Sonntagsgottesdienste ab!

Noch etwas zum Patron dieser Gemeine: Nikolaus von der Flüe ist Nationalheiliger der Schweiz, denn er setzte sich 1481 für die Einheit der Eidgenossenschaft ein. Der Familienvater lebte in späteren Jahren als „Bruder Klaus“ in einer Klause in Ranft, oberhalb des Vierwaldstätter Sees, als Eremit. Viele Menschen pilgerten zu ihm, auch Politiker, und holten sich von ihm Rat. Der „Patron der Einheit und des Friedens“ wurde hier in Britz bewusst ausgewählt, da hier in den Neubauten viele Flüchtlinge aus der DDR eine neue Heimat fanden.

Der jetzige Kirchbau von Jürgen Böker ist in Anlehnung an die Ranft-Kapelle in Flüeli in der Schweiz errichtet, und fand seine Fortsetzung und Vervollkommnung in der ebenfalls von Böker entworfenen Mariä-Himmelfahrt-Kirche in Berlin-Kladow. Hier in Britz kann man eine Statue des Pfarrpatrons hinter dem Tabernakel, sowie sein berühmtes Meditationsbild sehen. Daneben, ebenfalls im Altarraum, steht seit 1991 eine wegen ihres ungewöhnlichen Orgelprospektes sehenswerte Orgel der Firma Corbach &Voigt. Aus der „alten“ Kirche stammt noch der vom Berliner Künstler Rudolf Heltzel stammende Kreuzweg von 1969 und der Taufstein. Der Dachreiter birgt einen Original-Abguss der Glocke aus Flüeli.

Von der Bruder-Klaus-Kirche erreichen wir in wenigen Schritten den U-Bhf. Britz-Süd mit einem Einkaufszentrum. Die Gutschmidtstraße rechts hinunter laufend, gelangt man zu einer weiteren Kirche, die in die

„Britzer Pfingstspaziergänge" einbezogen war: die Johann-Christoph-Blumhardt-Kirche am Buckower Damm / Ecke Schlosserweg. Der Architekt Günter Behrmann hatte sie entworfen. Am 20. Dezember 1964 wurde sie eingeweiht. Auf dem benachbarten Grundstück am Buckower Damm wurde aus Mitteln der „Gustav-Adolf-Stiftung" ein Gemeinde- und Pfarrhaus mit Jugendräumen erbaut, sowie ein Wohnhaus für den Kirchwart und die Gemeindeschwester. Auch diese Kirche ist interessant gebaut – mit ihrem dreieckigen Grundriss und dem sich darüber erhebenden Zeltdach. Das Gestühl ist so angeordnet, dass es Altar, Taufe und Kanzel gleichsam umschließt. Übrigens ist die Innen- und Außenverkleidung ganz aus Schiefer. Es ist also ein lohnender Abstecher zum Buckower Damm. Der Rückweg führt wieder über die Gutschmidtstraße, vorbei am DRK-Wohnheim, zum Britzer Grünzug. Wer bis dahin noch nicht müde ist, sollte ihm weiter folgen bis zur Gropiusstadt und zum U-Bhf. Johannisthaler Chaussee. Auch dort können wir zwei interessante Gotteshäuser sehen: die Martin-Luther-King-Kirche und das katholische Gemeindezentrum St. Dominicus mit der St. Marien-Schule.

Schon von weitem kann man die eindrucksvolle Silhouette der „Gropiusstadt" mit ihren 13- bis 19-stöckigen Häusern sehen. Etwas zum Namensgeber: Der weltberühmte Architekt Walter Gropius, der schon 1959 mit der Planung und Ausführung dieses Neubaugebiets beauftragt wurde, hatte immer wieder gemahnt, „die städtebauliche Einheit zu wahren". Wörtlich sagte er: „Ich muss gestehen, dass dieses Unternehmen das Enttäuschendste ist, mit dem ich je zu tun hatte." Immer wieder hatte er es versucht und seine Mitarbeit angeboten. Doch er starb dann 1969. Im Beisein seiner Witwe erhielt das Mammutprojekt schließlich doch den Namen „Gropiusstadt".

Von den riesigen „Gropius-Passagen" am U-Bahnhof Johannisthaler Chaussee wirkt sie fast versteckt und „unterdrückt", die evangelische „Martin-Luther-King-Kirche". Sie war die erste der neuen Kirchen in der Gropiusstadt, 1966 - 1968 von Professor Karl Otto erbaut, am 28. April 1968 eingeweiht. Ein Jahr zuvor wurde die Gemeinde selbständig. Auch hier eine Stahlbetonkonstruktion auf quadratischem Grundriss. Die Wände sind aber im Innern mit einer Holzverkleidung versehen, so dass die Kirche etwas Warmes ausstrahlt. Das Kruzifix stammt von Waldemar Otto. Der freistehende Turm wird, wie schon gesagt, heute eher erdrückt durch die Umgebung der Einkaufszentren und Hochhäuser.

Die letzte Station unseres ökumenischen Spazierweges ist bald erreicht: die St. Dominicus-Kirche am U-Bhf. Lipschitzallee. Vorher laufen wir am Kulturzentrum für die Bewohner der Gropiusstadt vorbei, das „Gemeinschaftshaus" mit Angeboten für Kulturveranstaltungen, Festsälen u.a. Gleich rechts daneben sehen wir einen umgedrehten „Melitta-Kaffeefilter". Die katholische Kirche St. Dominicus trägt nämlich den Spitznamen „St. Melitta". Es gibt insgesamt drei von der gleichen Bauart, ein sog. „Fertigbauprojekt" des Architektenteams Schädel/Jünemann: in Spandau (St.Markus), in Lichtenrade (Zu den hl. Martyrern von Afrika) und hier in der Gropiusstadt (St. Dominicus). Letztere wurde am 30. April 1977 geweiht. Rund 5.300 Katholiken gehören zu dieser Gemeinde, das sind 11 Prozent der Gropiusstädter. Die Anfänge dieser Gemeinde 1966 waren recht bescheiden: In einer so genannten „Kellerkrypta", genauer einem Waschkeller des Wohnhauses Wutzkyallee 57. Die Pfarrwohnung befand sich in einer gemieteten Zweieinhalb-Zimmer-Wohnung. Sonntags wurden die Gottesdienste in einer Schulaula am Wildmeister Damm gefeiert. 1969 wurde der erste Teil des Gemeindezentrums bezogen. Auch eine Kindertagesstätte wurde errichtet. 1975 begann der Bau der heutigen Kirche. Der Altar befindet sich in der Mitte. Von ihm gehen fünf Kreissegmente mit Bänken aus. Das Kreuz über dem Tabernakel mit den vier Evangelienbüchern an den Querbalken soll die Einheit von Wort und Sakrament verdeutlichen. Altar und Ambo stammen von dem Bildhauer Hubert Elsässer.

Zum Gemeindezentrum gehört seit 1979 die Katholische Grundschule St. Marien, die vorher in Nekölln beheimatet war.

Am U-Bhf. Lipschitzallee endet nun der Britzer ökumenische Spazierweg. Noch ein Hinweis: Das 14-stöckige halbkreisförmige Wohnhaus auf der anderen Seite der Lipschitzallee ist noch von Walter Gropius geplant worden. Dahinter erstreckt sich eine kleine Natur-Kostbarkeit: das so genannte „Vogelschutzwäldchen", ein Naturdenkmal.

Route 10:

Von Schmargendorf durch die Villenkolonie Grunewald

Allgemeine Einführung:

Wilmersdorf, heute mit Charlottenburg zu einem Berliner Bezirk vereint, bietet viele Ecken, die sich für ökumenische Spazierwege eignen. Einen habe ich ausgewählt, der die ganze Vielfalt auch unter dem Aspekt der Natur und Geschichte darstellt. Denn Wilmersdorf ist im nördlichen Teil ganz großstädtisch, ja weltstädtisch geworden. Ich erinnere an den Kurfürstendamm und seine Nebenstraßen – bis hinauf zur Kaiser-Wilhelm-Gedächtniskirche. Im Süden jedoch, schon fast an der Grenze zum Bezirk Zehlendorf-Steglitz (siehe nächstes Kapitel), hat Wilmersdorf noch Atmosphäre, besonders in den Ortsteilen Schmargendorf und Grunewald. Und hier gibt es auch viel Ökumenisches zu entdecken.

Die Route im Einzelnen:

Am Roseneck, dem Startpunkt dieses ökumenischen Spazierweges (am besten zu erreichen mit dem Bus M29 direkt aus der City, vom Kurfürstendamm aus), fällt zunächst ein 15-stöckiges Hochhaus auf, das inmitten von Grün ein „Hochhaus der Superlative" ist. Denn es war und ist das erste Berliner Wohnhochhaus nach dem 2. Weltkrieg (neben der Internationalen Bauausstellung 1957 im Berliner Hansaviertel), von den Architekten Sobotka und Müller fertiggestellt. Das Roseneck ist ein wichtiger Kreuzungspunkt zwischen Hohenzollerndamm/Clayallee, der Teplitzer Str./Hagenstraße und der Rheinbabenallee/Hundekehlestraße. Die letztere Straße führt in den Kern des Ortsteils Schmargendorf hinein. Von der ursprünglich dörflichen Promenade ist nichts mehr übrig geblieben. Ein ursprünglicher Dorfteich existiert nicht mehr – er wurde zugeschüttet. 1869 wurde die alte Schmargendorfer Aue schon bepflastert und erhielt ihren heutigen Namen: Breite Straße. Die Straße hat nichts Dörfliches mehr. Halt, nicht ganz! Auf unserem Weg sehen wir plötzlich rechts zwischen Bäumen und auf einem Friedhof fast versteckt ein Gotteshaus der „Superlative“: die Schmargendorfer Dorfkirche. Unter allen im Berliner Stadtgebiet erhaltenen 55 Dorfkirchen ist sie nämlich die kleinste. Und nicht nur das, sie ist eine der interessantesten im Süden Berlins – mit reicher Geschichte.

Bereits 1275 erhielt das Stift Coswig an der Elbe das Patronat über das Dorf Schmargendorf. Anfang des 14. Jahrhunderts wurde diese Kirche erbaut. Die Spitzbogenfenster an der Straßenseite der Kirchstraße erinnern daran, dass diese Kirche in der Zeit der Gotik erbaut wurde. Dennoch: Diese Fenster sind erst bei der letzten grundlegenden Veränderung dieser Kirche in den geraden Chorabschluss eingebaut worden. Das war 1937/38. Man hatte damals in die Dorfkirche statt der ursprünglich gewölbten Decke eine flache Holzdecke eingezogen, die mit Ornamentik bemalt ist, aber wegen der einbezogenen Leuchten kaum noch zu erkennen ist.

Die Schmargendorfer Dorfkirche beeindruckt beim Betreten durch ihre schlichte, aber warme Atmosphäre. Das barocke Kruzifix aus dem Jahre 1700, eine Leihgabe aus dem Märkischen Museum Berlin, wird zurzeit gerade restauriert. Dort findet man auch wertvolle Grabbeigaben aus dem Sarkopharg der Gutsherrenfamilie von Wilmersdorff. Sie sind hier in der Dorfkirche bestattet. Ein Epitaph an der Rückseite erinnert daran: Johann Graf von Wilmersdorff (gestorben 1635) und seine Gemahlin Eva, geborene von Below, ruhen hier. Die Wappen derer von Wilmersdorff und von Below sind unschwer auszumachen. Interessant daran ist: Das Wappen derer von Wilmersdorffs enthält die drei Lilien, ähnlich dem Wappen des französischen Herrschergeschlechts der Bourbonen. Es soll tatsächlich verwandtschaftliche Beziehungen nach Frankreich gegeben haben. In diesem Zusammenhang sollte auf einen ökumenischen Aspekt hingewiesen werden. Die katholische Pfarrgemeinde St. Ludwig in Wilmersdorf trägt ja den Namen des französischen Nationalheiligen Ludwig, sie trägt die Lilie ebenfalls im Wappen und pflegte und pflegt bis heute Kontakte zur „francophonen“ Gemeinde in Berlin (früher französische Militärgemeinde).

Die seit 1960 selbständige evangelische Dorfkirchengemeinde Schmargendorf hat seither ein reges eigenständiges Gemeindeleben entwickelt, mit lebendiger Kinder- und Jugendarbeit, mit Konzerten auf der kleinen konzertanten Orgel von 1970 und engen ökumenischen Kontakten zur benachbarten katholischen Gemeinde Salvator.

Der weitere Weg führt über die belebte Breite Straße nach links zurück zur Berkaer Straße, wo wir direkt auf ein interessantes Rathaus zulaufen. Es ist kein mittelalterliches Rathaus, sondern von dem Architekten Otto Kerwien 1900-02 im neugotischen Stil errichtetes Bauwerk. Wegen des romantischen Aussehens ist es bis heute beliebt als Standesamt. Außerdem birgt es die Stadtbücherei des Bezirks Wilmersdorf.

Über die Reichenhaller- und die Tölzer Straße erreichen wir – kurz hinter dem Kissingenplatz – die katholische Kirche Salvator mit dem Kloster der Ordensgemeinschaft der Salvatorianer.

Die Patres der „Gesellschaft des Göttlichen Heilands" (lat. abgekürzt: SDS), die sich auch: „Salvatorianer" nennen, kamen unmittelbar nach dem 1. Weltkrieg, im Jahre 1919, nach Berlin. Sie waren zunächst führend beteiligt am Aufbau des Berliner Caritasverbandes und in der Jugend-, Alten- und Krankenhausseelsorge tätig. 1923 erwarben sie hier in Schmargendorf eine Villa in der Tölzer Straße, die sie als ihr Kloster einrichteten. Damals hatten sie eigentlich noch gar nicht die Absicht, hier auch Pfarrseelsorge zu betreiben. Doch das ergab sich von selbst. Immer mehr Katholiken aus der Umgebung besuchten am Sonntag die Gottesdienste in der Hauskapelle des Klosters. Zumal die umliegenden Gemeinden meinten, wenn es schon hier in Schmargendorf ein katholisches Kloster gäbe, dann sollten gefälligst die katholischen Anwohner dort zur Messe gehen, und nicht nach Wilmersdorf oder Zehlendorf reisen. Und so bauten die Patres ihre Kapelle aus – und irgendwann entschlossen sie sich, auf Drängen des ersten katholischen Bischofs von Berlin, Dr. Christian Schreiber, eine Kirche zu bauen und eine Gemeinde zu errichten. Das war 1932. Ein Jahr später wurde der Bau des schlesischen Baumeisters Jarosch vollendet und im August 1933 eingeweiht.

Übrigens hat sich der Architekt und Baumeister Jarosch nach der Konsekration „seiner" Kirche entschlossen, selber in diese Ordensgemeinschaft einzutreten. Er war damals schon 66 Jahre alt! Was hat ihn dazu bewogen?

Nun, diese Ordensgemeinschaft der „Gesellschaft des Göttlichen Heilands" ist eine der jüngsten in der katholischen Kirchengeschichte und eine sehr moderne. Sie hatte rechtzeitig die „Zeichen der Zeit" erkannt und sich nicht nur im sozialen Bereich (Caritas) engagiert, sondern auch in der Gesellschaft und den Medien. In der Berliner Warschauer Straße hatte sie schon in den 20er Jahren eine der modernsten und größten Druckereien, die auch eine Zeitschrift („Der Missionär“) herausgab, in der u.a. Dr. Carl Sonnenschein regelmäßig schrieb.

Der Gründer der Gemeinschaft, Johann Baptist Jordan (1866 - 1918), der sich später „Pater Franziskus Maria vom Kreuze“ nannte, war eine faszinierende Persönlichkeit seiner Zeit. Geboren im badischen Gurtweil bei Waldshut am Oberrhein, erlernte er den Beruf eines Dekorationsmalers, zog als Geselle auf Wanderschaft durch ganz Deutschland, auch bis Berlin und Hamburg, entschloss sich aber dann schließlich, im Alter von 21 Jahren, Priester zu werden. Das war gar nicht so einfach: im Rechnen eine Null, allerdings sprachbegabt, drückte er nun wieder die Schulbank. Mit seinem Schnurrbart von den Klassenkameraden eher bespöttelt, schaffte er es doch. 1878 wurde er in Freiburg/Brsg. Priester. Es war die Zeit des so genannten „Kulturkampfs“ in Deutschland. Unter Schwierigkeiten wurde Baptist Jordan zu Weiterstudien nach Rom geschickt, mit einem spärlichen Stipendium von 800 Mark jährlich. Seine Ideen einer „Apostolischen Lehrgemeinschaft“ wurden in Rom, besonders in der vatikanischen Bürokratie, nur belächelt. So ein „kleiner Spinner“ aus dem badischen Deutschland – „was will der überhaupt?“ Pater Jordan hatte es aber doch – unter großen Widerständen – geschafft: am 8. Dezember 1881 wurde seine „Gesellschaft des Göttlichen Heilands“ vom Papst und der Römischen Kurie anerkannt. Der weibliche Zweig dagegen hatte noch noch eine Menge Schwierigkeiten vor sich, ehe eine engagierte Adlige aus dem Münsterland, Theresia Freiin von Wüllenberger, sie nannte sich später „Mutter Maria von den Aposteln“, als erste Oberin der „Salvatorianerinnen“ anerkannt und akzeptiert wurde.

Die Salvatorianerinnen gibt es übrigens auch in Berlin: Sie leiten im Norden Berlins, im Ortsteil Waidmannslust des Bezirks Reinickendorf, ein Seniorenheim, das „Franz-Jordan-Stift“ und die Katholische Schule „Salvator“. Pater Franziskus „vom Kreuze“ Jordan SDS durfte – wegen des „Kulturkampfes“ unter Bismarck – nicht in seine badische Heimat zurückkehren und starb am 8. September 1918 im Schweizer Exil, in einem Altersheim in Tafers bei Fribourg im Rufe der Heiligkeit. Sein Orden ist mittlerweile weltweit verbreitet. Und in Berlin sind sie an vielen Orten in der aktiven Seelsorge tätig. Zwei aus Schmargendorf stammende Salvatorianerpatres sind vielleicht manchen Lesern bekannt: der wohl berühmteste und volkstümliche Gefängnisseelsorger in Berlin-Tegel: Pater Vincens SDS (jetzt in Lankwitz im Ruhestand) und der Generalsuperior des Ordens in Rom, Pater Karl Hoffmann SDS (jetzt auch im Ruhestand in seiner Heimatgemeinde).

Die Salvator-Kirche lohnt auf jeden Fall einen Besuch. Betritt man das Innere des Gotteshauses, wird man sofort durch das riesige, eindrucksvolle Kreuz in den Bann gezogen. Es ist eigentlich gar kein „Kreuz", sondern Christus steht da über dem Altar - die Hände weit ausgebreitet, eben als „Salvator", der Erlöser der Welt. Die Figur, ebenso wie andere Kunstwerke in der Kirche, stammen von Professor Hitzberger, einem Barlach-Schüler.

Unser Weg führt nun weiter über die Tölzer Straße bis zur Forckenbeckstraße vor, dann links – an einem der vielen kleinen Pfuhle vorbei zu einer der interessantesten, da ungewöhnlichsten Kirchen Berlins: der Schmargendorfer Kreuzkirche.

Erinnern wir uns: Bereits um die Jahrhundertwende war das Dorf Schmargendorf kein „Dorf" mehr und die kleine Dorfkirche war schon bald für die wachsende Ortschaft viel zu klein. Man überlegte, hier eine größere Kirche zu bauen. Schon 1891 gab es dazu Planungen. Erst 1911 stand ein Grundstück dafür zur Verfügung. Aber der 1. Weltkrieg verhinderte den geplanten Baubeginn. Ein Architekt namens Ernst Paulus hatte sogar schon konkrete Pläne bis zur Baureife vorgelegt. 1916 wollte man bereits einen Bauzaun errichten, als das Verbot des Kriegsministeriums für alle öffentlichen Bauten dem Bauwillen ein Ende setzte. (So in der Kirchenchronik der Gemeinde zum 50-jährigen Jubiläum der Kreuzkirche 1979).

Der Krieg war zu Ende, als Ernst Paulus und sein Sohn Günther die Pläne erneut der Evangelischen Gemeinde vorlegten. Etwa 1 Million Reichsmark hätte das gekostet. Doch nun fehlte das Geld. In der Chronik der Gemeinde wird die Situation treffend geschildert. Von wegen „goldene zwanziger Jahre"! Zitat aus der Chronik: „Die Nation innenpolitisch zerstritten und zersplittert, die beginnende Arbeitslosigkeit – ca. 3 Millionen Arbeitslose gab es zur Zeit des Baubeginns der Kreuzkirche – die hohen Reparationszahlungen – all das lastete auf dem Volk."

Dazu, so wird hingewiesen, kam eine weit verbreitete Gottlosenpropaganda von Freidenkern und Kommunisten. Eine neue Kirche zu bauen, war damals wirklich ein Wagnis – und dazu noch so eine moderne, mit Jugendstil- und expressionistischen Elementen! Backstein, ja nordische

Backsteingotik, in Verbindung mit ganz modernen Formen, das war die Idee von Dr. Günther Paulus. Er hatte sich mutig vorgewagt mit seiner neuen Konzeption. Im Innern immer wieder „die Verwendung des Parabelbogens und die Gestaltung des Altarraumes als beherrschender Mittelpunkt". Es sollte ein „Ort der Sammlung und des Gesprächs" sein. Zur Einweihung am 15. Dezember 1929 schrieb der damalige Pfarrer Nehmitz: „Die ganze Schönheit deutscher Ziegelkunst verrät das Bauwerk bis in die kleinsten Teile. Das Material des alten Nordens feiert in ihm seine Wiederkehr. Ein in Stein gehauenes Glaubensbekenntnis!"

Das war die eine Seite. In der deutsch-nationalen Presse fand man andere Urteile: „Die Kirche stellt den Gipfel der Modernität dar ... Obwohl manche praktische Neuerungen ... zu begrüßen sind, wird doch ein großer Teil der evangelischen Bevölkerung an dem ganzen Baustil nicht unberechtigt Befremden nehmen." („Der Deutsche", 17.12.1929)

Wenn man über den Hohenzollerndamm kommt, ob zu Fuß oder mit dem Auto, kann man diese Kirche mit dem bemerkenswerten Turm (die drei Spitzen sind Symbol der Dreifaltigkeit) und dem geschwungenem Eingangstor, das mit seiner blau glasierten Keramik eher ostasiastisch anmutet, nicht übersehen. Sie lädt geradezu ein, sie näher zu erforschen. So ist der bildhauerische Schmuck im Innern der Kirche, z.B. die Vier Evangelisten, ein Werk von Max Esser, sehenswert.

Unser Weg führt nun über den belebten Hohenzollerndamm hinüber in die Auguste-Viktoria-Straße nach rechts hinein bis zur neuen Israelischen Botschaft, die wie ein großes Schiff aussieht. Sie soll nach dem Willen des Architekten an den „Exodus" der Juden ins Heilige Land erinnern.

Die Elgersburger- und Delbrückstraße führt geradezu auf ein weiteres Gotteshaus zu: die katholische St. Karl-Borromäus-Kirche. Die jetzige Kirche mit ihrem hohen Turm wurde 1954/55 von dem in Berlin geborenen Trierer Architekten Alfons Leitl entworfen und erbaut und am Fest Christi Himmelfahrt 1955 vom damaligen Bischof Wilhelm Weskamm konsekriert. Ihr Namenspatron ist kein Zufall. Denn Karl Borromäus soll an den Namenspatron eines der größten Berliner „Sozialapostel" des 20. Jahrhunderts erinnern, einen ungewöhnlichen Mann: Dr. Carl Sonnenschein. An ihn erinnern ein Gedenkstein und eine Gedenkplakette an der Außenwand der Kirche.

Der „Sozialapostel" Dr. Carl Sonnenschein war in seiner Berliner Zeit alles andere als ein Freund der Millionäre und Bankiers, die hier im Grunewald ihre Villen hatten und haben. Er war ein Mann der Caritas, zugewandt allen Menschen in Not. In Berlin-Mitte, unweit des Bahnhofs Friedrichstraße, in der Georgenstraße, hatte er sein Büro, seine Hilfsstation. Aber hier in Grunewald hielt er Sonntag für Sonntag Gottesdienst für die Katholiken dieser Gegend. Das waren keine Millionäre, sondern die Hausangestellten, die ihren katholischen Glauben bezeugten, die aber zum Gottesdienst eine weite Strecke zur nächsten katholischen Kirche, St. Ludwig in Wilmersdorf, zurücklegen mussten. Carl Sonnenschein kam gerne hier heraus, nicht nur weil er das Grün liebte (das sicher auch), sondern um den (katholischen) Menschen hier nahe zu sein. Am 22. Oktober 1920 wird nach Besprechungen mit dem Pfarrer von St. Ludwig, Geistl. Rat Carl Milz, ein Kirchbauverein gegründet. Am 1. November 1920 findet auf der Veranda des Restaurants Lindeneck der erste katholische Gottesdienst nach der Reformation statt. Bald schon ist die Besucherzahl auf 200 angewachsen. Also wird der Sonntagsgottesdienst in die Aula der gegenüberliegenden Schule verlegt. Der Kirchbauverein hatte schon bald Erfolg, zumal auch noch eine neue Siedlung jenseits der Bahnstrecke, Eichkamp, dazukommt. Im Jahre 1928 wurde vom Kirchbauverein endlich ein Grundstück gekauft: für 150.000 RM an der Delbrückstraße 33. Am 3. Februar 1929 wurde der Kaplan von St. Ludwig zum ersten Seelsorger („Lokalkaplan") bestimmt.

Dr. Carl Sonnenschein erlebte diese Entwicklung 1929 zwar noch mit, konnte sich aber über die Errichtung einer Kapelle auf dem Grundstück nicht mehr freuen. Er starb am 20. Februar 1929. Am 20. Mai desselben Jahres wurde die neue katholische Kapelle geweiht. Der neue Seelsorger wusste aber um die Verdienste Sonnenscheins bei der Sammlung und Gründung der Grunewalder Gemeinde und schlug sogleich vor, diese neue Kirche und Gemeinde nach Sonnenscheins Namenspatron, St. Karl Borromäus, zu benennen.

Im Innern der Kirche, die 1991 umgestaltet wurde, u.a. von dem Berliner Bildhauer Paul Brandenburg, sind die neuen farbigen Fenster von Johannes Beeck aus Nettetal am Niederrhein bemerkenswert. Sie sind erst 2000 in die Kirche eingebaut worden. Das 96 qm große Altarfenster zeigt in abstrakter Form das Pfingstereignis, die Ausgießung des Heiligen Geistes. Der Künstler selbst deutet seinen Entwurf: „Nicht der Heilige Geist entfaltet sich in roten Zungenformen, sondern die Kirche entfaltet sich, die Menschen entfalten sich in der Laufbahn ihrer Geschichte, auf dem Nährboden der Passion, die sich in der Farbe Rot spiegelt."

Der weitere Weg führt weiter über die Lassenstrasse, vorbei am Hildegard-Wegscheider-Gymnasium, zur Bismarckallee. Bevor wir dann zur evangelischen Grunewaldkirche an der Bismarckallee hinüberlaufen, ein paar Informationen über die Villenkolonie Grunewald selbst. 1889 wurden die ersten vier Häuser an der Herthastraße errichtet. Um die Jahrhundertwende lebten hier bereits 2.684 Menschen in rund 240 Häusern.

Noch bis in die Mitte des 19. Jahrhunderts hinein gab es hier nur unwirtliches Gebiet: ein langes Fenn mit Moorflächen und mit Moorwasser angereicherte Teiche. Sie hatten im Volksmund so schöne Namen wie „Entenkehre", „Diebesloch" oder das „Lange Luch". In der „Chronik der Villenkolonie Grunewald" ist davon die Rede, dass man 200 polnische „Gastarbeiter" holte, die diese Sumpfgebiete trocken legen sollten, und beim Aufbau eines Straßen- und Wegenetzes mithelfen mussten. Sie wohnten unter unmenschlichen Bedingungen – in Erdhöhlen!

Diejenigen aber, die dann kamen und ihre Häuser, ja schlossähnliche Villen bezogen, waren ganz andere Menschen. Irgendwer hatte errechnet, dass um die Jahrhundertwende hier 145 Millionäre wohnten. Nur einige wenige Namen: Carl Fürstenberg hatte allein sieben Millionen Mark in sein Grunewalder Anwesen investiert. Er war Bankier und gehörte zu den Mitgliedern der Hochfinanz und den Spitzenverdienern in Deutschland, war der Lenker der „Berliner Handelsgesellschaft". Lilli Lehmann, die Kammer- und Wagnersängerin, wohnte hier, ebenso Franz Wertheim aus der berühmten Kaufmannsfamilie, die Verleger August Scherl und Leopold Ullstein, der Politiker und AEG-Vorsitzende Walter Rathenau, der später von Rechtsextremisten ermordet wurde, Wissenschaftler wie Nobelpreisträger Max Planck, Literaten wie Lionel Feuchtwanger, der Komponist Engelbert Humperdinck („Hänsel und Gretel"), Maler wie Lovis Corinth, Walter Leistikow und Max Pechstein. Hier wohnten Franz von Mendelssohn, den man für einen 25-fachen (!) Millionär hielt, der Schauspieler und Regisseur Max Reinhardt, der Buchverleger Samuel Fischer und viele andere. An vielen Namen konnte man ablesen: hier in Grunewald konzentrierte sich die jüdische Intelligenz und die jüdische Kaufmannswelt. Das darf man bitte jetzt nicht falsch als „Antisemitismus" verstehen. In der Finanzwelt, im „Big Business", aber auch in Kunst und Kultur, im Verlags- und Zeitungswesen, hatten es unsere jüdischen Mitbürger geschafft, Spitzenpositionen zu erobern. Das förderte bei vielen Deutschen Neid, Misstrauen, ja Hass. Und diese anti-jüdische Stimmung hatten die Nazis dann sehr gut ausgenutzt für ihre Ideologie. In einem Zeitungsbeitrag zum 100-jährigen Jubiläum der Villenkolonie 1989 konnte man lesen: Nach der Machtübernahme wären die Nazis besonders in Grunewald eingebrochen wie „der Wolf in die Herde"! Viele der angestammten Bewohner begriffen sofort: Hier kannst du nicht weiter bleiben! Und sie verkauften, so gut es gerade noch ging, ihre Häuser und Grundstücke und emigrierten, wie z.B. die Familie Ullstein nach England. In die frei werdenden Häuser zogen nun Nazigrößen wie der SS-Führer Heinrich Himmler ein. Viele der schönen Villen wurden später im 2.Weltkrieg zerstört, doch zum Teil nach dem Kriege wieder in alter Schönheit aufgebaut. Neue kamen hinzu. Verschiedene Stilrichtungen vereinigen sich heute hier. Neuestes Beispiel ist die Botschaft der Vereinigten Arabischen Emirate in der Winklerstraße, nahe dem S-Bhf. Grunewald, die aussieht wie eine arabische Moschee oder ein Palast aus „Tausendundeine Nacht".

In der gleichen Straße, an der Ecke zum „Hasensprung", oberhalb des Koenigssees, steht eine andere interessante Villa zum Verkauf: die frühere Residenz der katholischen Bischöfe, wenn sie nach dem Bau der Mauer in West-Berlin weilen durften. Das waren anfangs nur 30 Tage im Jahr. Hier gab es dann wichtige Ordinariatssitzungen und Gespräche, aber auch Tagungen und Empfänge. Verschiedene Mitarbeiter des Ordinariats (-West) hatten hier ihre Wohnungen, so – bis zu seinem Tode – der Seelsorgeamtsleiter in Berlin (-West), Ordinariatsrat Prälat Peter Tanzmann. Im Zuge der Finanzkrise des katholischen Erzbistums wurde das große Anwesen verkauft, zunächst an das katholische „Petruswerk", später an einen Fremdimmobilien-Händler. Bis zum Redaktionsschluss dieses Buches war noch kein Kaufinteressent abzusehen. Das schöne Grundstück am Koenigssee verwildert allmählich.

Die vier Seen, die von den polnischen Arbeitern angelegt worden waren, erhielten bereits zur Jahrhundertwende 19./20. Jh. neue klangvolle Namen: „Herthasee", „Koenigssee", „Dianasee" und „Hubertussee". Denn wer von den Anwohnern wollte schon an einem „Diebesloch" wohnen?

Übrigens: Sowohl der Koenigssee als auch die Koenigsallee haben nichts mit einem König zu tun. Beide – See wie Allee – beziehen sich auf einen reichen Bankier namens Felix Koenigs, der hier viel für die Entstehung der Villenkolonie gespendet und getan hat. Deshalb das „s" und der Umlaut „oe"! Ein Spaziergang über den „Hasensprung", eine Fußgängerverbindung zwischen Winklerstraße und Bismarckallee, lohnt sich. Der Sage nach soll hier ein ausgewachsener Hase auf der Flucht vor seinen Jägern mit einem Riesensatz über den Graben zwischen Koenigssee und Dianasee sein Leben gerettet haben.

Die Bismarckallee, die wir nun nach rechts hinunter gehen, erinnert an einen der wichtigsten Förderer der Villenkolonie Grunewald, Reichskanzler Otto Fürst von Bismarck, dessen Denkmal wir am Bismarckplatz bewundern können. Vor uns der Turm der evangelischen Grunewaldkirche, die 2004 ihr 100-jähriges Jubiläum feiern konnte.

Aus der Chronik dieser Kirche: „Mittwoch, 1. Juni 1904: Die Kolonie Grunewald ist festlich geschmückt. In den Straßen wehen Fahnen und Banner. Vor der in zweijähriger Bauzeit schon fertiggestellten Kirche ist ein rot drapiertes, mit Blumen bekränztes Zelt errichtet. Weißgekleidete Ehrenjungfrauen und eine froh erregte Menge umgeben es. Vor dem Zelt stehen wartend die Vertreter der Kirche und des Staates. Da endlich trifft von der Bismarckallee her der Kronprinz ein. Die feierliche Einweihung der neu errichteten Kirche kann beginnen."

Es heißt dann weiter in der Chronik, dass sich „viele einflussreiche und vermögende Gemeindemitglieder" sehr für den Kirchbau eingesetzt hätten. Namentlich genannt unter den Gemeindekirchenratsmitgliedern wird der Bankier Franz von Mendelssohn.

Die Grunewaldkirche wurde von dem „Regierungsbaumeister" Philipp Nitze aus Halle an der Saale konzipiert. Dem Villencharakter der Umgebung angepasst, wurde sie aus gelbem Tuffstein errichtet, aus grünem und blauen Mainsandstein. Sie ist dreischiffig, wobei die beiden Seitenschiffe unterschiedlich breit sind. An der künstlerischen Ausgestaltung hatten so berühmte Künstler mitgewirkt wie der Bildhauer Otto Richter, der Maler Hans Seliger, der Glasmaler August Oetken und der Kunstschmied Paul Golde. Alles war auf's Feinste. Doch im 2.Weltkrieg musste die Grunewaldkirche schwere Zerstörungen hinnehmen. 1943 fegte eine Luftmine das Dach der Kirche weg und ließ eine langsam verwitternde Halbruine zurück. Erst 1956 - 1959 konnte der Architekt Georg Lichtfuß die Kirche weitgehend im Originalzustand wieder herrichten.

Etwas zum Gemeindeleben, das sich hier in Grunewald auch in ökumenischer Vielfalt zeigt: Das Gemeindehaus in der Furtwänglerstraße 5 bietet für Jung und Alt etwas, angefangen vom „Miniclub". Mehr als 75 Jahre besteht auch schon die Kindertagesstätte der Gemeinde. Es gibt Ökumenische Gesprächskreise für Literatur und Theologie und – alle Jahre wieder am 1. Adventssonntag – den weit über den Ortsteil hinaus bekannten ökumenischen Grunewalder Weihnachtsmarkt rund um die Kirche. In diesem Jahr, am 1. Advent 2006, wird er schon zum 30. Mal stattfinden. Ein Freundeskreis aus der evangelischen und katholischen Gemeinde hatte sich 1976 zusammengesetzt, um den Markt in der Freizeit zu planen und zu organisieren. Pünktlich um 11.30 Uhr eröffnen Glockengeläut und Turmbläser diesen Weihnachtsmarkt, dessen Erlös ausschließlich karitativen Zwecken zur Verfügung gestellt wird. Jedes Jahr wird ein anderes gemeinsames Projekt unterstützt.

Im Ortsteil Grunewald gibt es heute 30 Seniorenheime, große kirchliche und städtische und kleinere Privatheime. Zwei kirchliche sollten hier erwähnt werden: das evangelische Albert-Schweitzer-Heim und das katholische Karl-Steeb-Heim an der Hagenstraße. Die Bewohner beider Heime gehören jeweils verschiedenen Konfessionen an, also auch ein Stück Ökumene. So sind von den 140 Bewohnern des katholischen Karl-Steeb-Heims 40 evangelisch. Die Leitung dieses Heimes liegt schon seit den 50er Jahren des 20. Jahrhunderts in den Händen der katholischen Ordensschwestern „Sorelle della Misericordia" aus Verona/Italien.

Wenn man nicht über die verkehrsreiche Hagenstraße laufen möchte, ist eine Alternative zu empfehlen: rechts in die Bernhard-Wieck-Promenade, vorbei an der Botschaft von Mali, die Griegstraße hinunter bis zur Bernadottestraße. Die große Villa des berühmten Zeitungsverlegers Axel C. Springer passieren wir und gelangen nach kurzem Weg zur Clayallee. Hier, ein Stück weiter südlich, befindet sich das Diakonissenhaus und Diakoniewerk „Bethel", unsere letzte Station auf dem Rundweg durch den Süden Wilmersdorfs. Eduard Scheve (1836 - 1909), einen Bapistenpastor aus Volmarstein, beschäftigte Zeit seines Lebens die Frage „Wie kann ich der leidenden Menschheit Hilfe bringen?". Er widmete sich nicht nur den Obdachlosen, sondern missionierte auch unter Soldaten und rief die Deutsche Baptistische Kamerunmission ins Leben. Der Dienst der Frau in der Gemeinde und Mission war ihm ein besonderes Anliegen. Seine Ehefrau Bertha unterstützte ihn dabei. 1887 gründete Scheve hier in Berlin das

„Diakonissenhaus Bethel". Das Mutterhaus als Ausbildungsstätte und Lebensraum für Diakonissen wurde kontinuierlich ausgebaut, zuletzt hier am Rande des Grunewalds. In Scheves Tradition wurden auch noch weitere Krankenhäuser gebaut, sowie Jugend- und Seniorenheime errichtet. Das „Diakoniewerk Bethel e.V." ist ein „Werk unter der fördernden Obhut" des Bundes Evangelisch-Freikirchlicher Gemeinden in Deutschland, und – wenn auch nicht organisatorisch, so doch historisch und geistlich den Baptisten verbunden.

Wir gehen jetzt zurück zum Roseneck. Dort endet der Weg.

Route 11:

Steglitz – Auf den Spuren der vier Evangelisten.

Einführung:

„Ein Ort wie Steglitz gehört sicher zu den eigentümlichsten Erzeugnissen der Großberliner Entwicklung ... und ist auch dem Fremden viel zu wenig bekannt. Nirgends ist soviel von der provinzialen Selbständigkeit des 19. Jahrhunderts ... gewahrt geblieben". Dieses Zitat von Hans O. Modrow stammt aus dem Buch „Berlin 1900" und wird zitiert in dem Vorwort des Buches „Steglitz im Wandel der Geschichte" von Christian Simon (Berlin, be.bra verlag, 1997). Fährt man heute mit der S- oder U-Bahn nach Steglitz, entdeckt man nichts Dörfliches mehr. Die Schlossstraße wetteifert mittlerweile mit dem Kurfürstendamm und anderen großen Einkaufsstraßen Berlins. Ganz neu ist das Einkaufszentrum „Am Schloss" rund um das alte Steglitzer Rathaus. Schräg gegenüber das Hochhaus des Steglitzer Kreisels, Sitz der Bezirksverwaltung des nunmehr vereinten Bezirks Steglitz-Zehlendorf. Die bewegte Baugeschichte dieses Gebäudes, errichtet 1969 -1980, gebeutelt von schrecklichen Skandalen und heute auf der Abrissliste wegen Asbestverseuchung – wir ersparen uns hier die Diskussion um diesen „Kreisel" und wenden uns in diesem Kapitel den fast unbemerkten kirchlichen, ökumenischen Spuren zu, die man in Steglitz gar nicht vermutet. Zunächst einmal gibt es vier Kirchen, die die Namen der vier Evangelisten tragen: eine Matthäus-, Markus-, Lukas- und Johanneskirche, letztere sogar zweifach: eine evangelische in Lichterfelde und eine katholische im Ortsteil Südende. Dann gibt es noch etwas „Besonderes": Die katholische päpstliche Basilika, die den Namen „Maria Rosenkranzkönigin" trägt und eines der schönsten Berliner Gotteshäuser ist. Und schließlich: die Griechisch-Orthodoxe Metropolie in Berlin ist mit einem außergewöhnlichen Gotteshaus, der Christi-Himmelfahrts-Kirche mit Gemeindezentrum, hier in Steglitz beheimatet. Außerdem haben auch die Alt-Lutherische Gemeinde und die Evangelisch-Freikirchliche Gemeinde (Baptisten) hier in Steglitz bemerkenswert große und sehenswerte Kirchen. Nicht zuletzt geht die größte und wichtigste Blindeneinrichtung Berlins an der Steglitzer Rothenburgstraße auf eine kirchliche Initiative zurück. Der Namensgeber dieser Straße und Mitbegründer der „Königlichen Blindenanstalt", Ernst Freiherr von Rothenburg, war Berliner Domdechant (1766-1833). Weitere berühmte Steglitzer Christen waren z.B. Otto Dibelius (1880 - 1967), bis 1966 Bischof der Ev. Landeskirche; Hermann Ehlers (1904 - 1954), Mitglied der Bekennenden Kirche und nach dem Kriege auch Bundestagspräsident; Dr. Marianne Pünder und Marianne Hapig, zwei engagierte Katholikinnen in der Nazizeit, die sich unter Lebensgefahr um politisch Verfolgte kümmerten und jüdische Mitbürger versteckten, bzw. ihnen zur Ausreise verhalfen; und nicht zuletzt der Schriftsteller und Kirchenlieddichter Jochen Klepper (1903 - 1942).

Also, in Steglitz kann man eine vielfältige ökumenische Kirchenlandschaft finden, die zu besuchen es sich lohnt!

Die Route im Einzelnen:

Beginnen wir unseren ökumenischen Spazierweg durch Steglitz im Zentrum, am U- und S-Bhf. Rathaus Steglitz, auf dem Hermann-Ehlers-Platz. Wenn man die ältesten erhaltenen Spuren von Steglitz entdecken möchte, muss man an der belebten Kreuzung Schlossstraße/Grunewaldstraße nach links hinunter gehen, bis zu einer kleinen Grünanlage, unterhalb der Matthäuskirche. Hier hat man nämlich bereits 1983 die Reste des alten Dorffriedhofs mit der alten Feldsteinmauer rekonstruiert – Erinnerungen an das Mittelalter. Hier stand auch die erste Kirche von Steglitz, eine kleine Feldsteinkirche, eher eine kleine Kapelle, die nur 72 Menschen Platz bot. 1853 heißt es anlässlich einer Ortsbegehung durch Hofbaurat Ludwig Persius, einem Schüler des berühmten Karl-Friedrich Schinkel, dass „in der Filiale Steglitz die Kirche zu klein und sehr schmutzig ist und einzufallen drohte". Eine größere Kirche musste also gebaut werden. Nach Plänen von Kreisbauinspektor Emil Gette wurde sie 1880 vollendet und nach dem Evangelisten Matthäus benannt. Das mittelalterliche Kirchlein wurde daraufhin abgerissen und war ein Jahr später vom Erdboden verschwunden. Reste des Friedhofs blieben aber erhalten. Ein Stück Steglitzer Geschichte ist dabei gesichert worden: eine schwere Grabsteinplatte aus Sandstein, deren Inschrift heute kaum noch lesbar ist. Sie erinnert an den 1713 verstorbenen Steglitzer Gutsherren Christoph Erdmann von Spiel. Es steht auf der Grabplatte: „Er war der letzte männliche Zweig von dem adligen Spielschen Geschlechte, welches seit Henrici Aucupius Zeiten und also beynahe 800 Jahr in der Mark floriret hat".

Steglitz war eigentlich nie ein bedeutendes Dorf im Mittelalter, anders als z.B. der heutige Ortsteil Lankwitz, oder Lichterfelde und Giesensdorf. Zwar meinen Archäologen, dass schon vor rund 8.000 Jahren hier am Hang des Fichtenbergs, wo das kleine Flüßchen Bäke entspringt, Menschen siedelten. In alten Urkunden taucht 1197 der Name Heynricus de Stegeliz auf, 1215 auch ein Sifridus de Stegeliz. Doch man muss wissen, dass es hier im Raum mindestens drei Dörfer gleichen Namens gab, so bis heute in der Uckermark und der Prignitz. Der Name leitet sich aus dem Slawischen ab und bedeutet so viel wie „Siedlung an einem Berghang", wobei der Fichtenberg gemeint war. In dem berühmten Landbuch von Kaiser Karl IV. aus dem Jahre 1375 wird erwähnt, dass dieses Stegelitz damals einem Herren von Torgau zu Zossen gehörte. 1524 erwirbt das Geschlecht der Herren von Spiel aus Dahlem das kleine Dorf. Bei der Einführung der Reformation gab es hier – das sei als kleine „ökumenische Randglosse" erwähnt – Schwierigkeiten. Denn der damalige Pfarrer hier, namens Lufft, wollte sich nicht zur „neuen Lehre" bekennen und verließ das Dorf. So musste der Pfarrer von Giesensdorf die Steglitzer Gemeinde mitbetreuen.

Machen wir nun einen großen Sprung ins 19. Jahrhundert, als die Matthäus-Kirche erbaut wurde. Steglitz hatte sich damals zum „größten Dorf Preußens" mit rund 84.000 Einwohnern entwickelt. Die Gemeindeverwaltung hatte zwar beim zuständigen Landratsamt Teltow die Stadtrechte beantragt, das wurde aber aus verständlichen Gründen abgelehnt. Das große Steueraufkommen der Steglitzer war dem Teltower Landkreis wichtig!

Die Matthäus-Kirche war für die wachsende Gemeinde einfach notwendig geworden. Sie ist mit ihrem 68 Meter hohen Turm und dem imposanten, ursprünglich völlig ausgemalten Innenraum ein gewaltiges Gotteshaus. Ein Pfarrhaus entstand 1897/98 an der Rothenburgstraße, später 1907 an der Mittelstraße das Gemeindehaus. In der gleichen Zeit entstand bei den evangelischen Christen die Idee, ihr Gotteshaus nach dem Evangelisten Matthäus zu nennen, und die folgenden Kirchbauten ebenfalls nach Evangelisten zu benennen: 1911/12 im Südender Ortsteil die Markuskirche und später (1914 - 1919) an der Bergstraße, dem Friedrichsruher Platz, die Lukaskirche. Im Ortsteil Lichterfelde, an der Ringstraße, wurde 1913/14 auch die Johannes-Kirche erbaut. Die Katholiken haben übrigens in Steglitz auch eine nach dem Evangelisten Johannes benannte Kirche, im Ortsteil Südende an der Sembritzkistraße. Es ist der erste nach dem 2. Weltkrieg errichtete Kirchneubau in Berlin, geweiht am 29. Juni 1951!

Doch unser ökumenischer Spazierweg führt uns von der Matthäuskirche aus weiter zur Rothenburgstraße, wo wir linker Hand die Kirche der Evangelisch-Freikirchlichen Gemeinde (Baptisten) sehen, dahinter den großen Komplex der „Blindenanstalt". Die 1806 in Berlin gegründete Anstalt ist die älteste Blindenbildungsanstalt in Deutschland. Benannt nach ihrem Gründer, Johann August Zeune, wurde der jetzige Bau 1877 aus Mitteln einer Stiftung des Freiherrn von Rothenburg finanziert und ist bis heute eine wichtige Ausbildungsstätte für blinde und sehbehinderte Menschen aus ganz Deutschland. Hier hatte 1909 der damalige Direktor Oskar Picht die erste brauchbare Punktschrift-Steno-Maschine entwickelt. Eingegliedert ist hier auch die Silex-Schule, benannt nach dem Augenarzt Dr. Paul Silex. Gemeinsam mit Betty Hirsch, einer mit 12 Jahren erblindeten Lehrerin und Jüdin, entwickelte er diese Schule – vor allem für Kriegsblinde nach dem 1. Weltkrieg. Betty Hirsch wurde aber 1934 gezwungen, die Schule an die Stadt Berlin abzutreten und musste als Jüdin das Land verlassen.

Wir sind hier noch immer auf dem Fichtenberg, fast 69 Meter hoch, auf dem einst sogar ein „Belvedere" stand, eine künstliche Ruine in gotischer Form. 1865 wurde sie abgerissen. Eine Villenkolonie entstand. Und am Fuße des „Berges" sogar ein Schlösschen. Ursprünglich war es gebaut von einem der Lehrmeister des berühmten Schinkel, David Gilly, 1804 für den Kabinettsrat Karl Friedrich von Beyme, dem Besitzer des Steglitzer Gutshof. 1841 gehörte es dem königlichen Domänenfiskus, und ab 1853 wohnte hier zeitweise der preußische General von Wrangel. So entstand der Name „Wrangelschlösschen". Es war eigentlich nur sein Sommersitz. Und im Teltower Kreisblatt las man später (11. Mai 1870): „Seine Majestät verkloppen bereits den Schlosspark, als Wrangel noch gar nicht seine Koffer gepackt hat".

Vom „Wrangelschloss" aus gehen wir nun den gleichen Weg zurück, vorbei am „Schlosspark-Theater", schon ab 1840, doch eigentlich erst seit 1920/21, ein renommiertes Berliner Theater unter dem bekannten Schauspieler und Regisseur Paul Henckels. Im November 1945 übernahm der nicht weniger bekannte Boleslaw Barlog diese Steglitzer Theaterstätte. Die erste Inszenierung nach dem Kriege war „Hokuspokus" von Curt Götz.

In der Wrangelstraße (Nr. 6/7) können wir eine christliche Einrichtung sehen: das „Haus Nazareth" der katholischen „Schwestern vom Heiligsten Herzen Jesu", ein Kinderheim, besonders für Kleinkinder, die von ihren Müttern oftmals nicht gewollt waren, oder deren Mütter unbekannt sind.

Über die belebte Schlossstraße gehen wir nun, vorbei am Steglitzer Kreisel, zurück zum Hermann-Ehlers-Platz und werfen einen Blick auf das alte Steglitzer Rathaus (1896/97 in den Stilformen der märkischen Backsteingotik errichtet), das nun einbezogen ist in ein modernes Einkaufszentrum, „das Schloss". Die „Schlösser" von heute sind nun mal diese modernen „Einkaufstempel", die dem Kommerz und Konsum dienen! Doch wenden wir uns lieber der kleinen Düppelstraße zu, an der zweimal wöchentlich der „Düppelmarkt" stattfindet. Ganz unscheinbar ist dort – im Hofraum des Hauses Düppelstraße 41 – eine kleine jüdische Synagoge. 1987 bildete sich eine christlich-jüdische Initiative, die sich für die Rettung dieser kleinen Synagoge einsetzte, die „Initiative Haus Wolfenstein". Ende des 19. Jahrhunderts hatte nämlich der Grundstückseigentümer Moses Wolfenstein, der hier einen Textilbazar an der Straßenfront hatte, für seine jüdischen Mitbürger eine kleine Synagoge ausbauen lassen. Während des Pogroms in der „Reichskristallnacht" am 9. November 1938 wurde sie völlig verwüstet, blieb aber als Bauwerk bis heute erhalten, während das Wolfenstein'sche Wohnhaus im 2. Weltkrieg völlig zerstört wurde. Die nun verwaiste kleine Synagoge mit dem Eingangsportal, über dem zwei Löwen die Gesetzestafeln des Moses halten, blieb auf dem Hinterhof. Selbst alteingessene Steglitzer wussten davon nichts. Bis dann schließlich die Initiative das alte Haus zu retten versuchte und hier eine „internationale Begegnungsstätte mit betont bezirksspezifischem Charakter" plante. Engagiert dabei waren u.a. die Evangelische St. Markus-Kirchengemeinde, der Heimatverein für den Bezirk Steglitz", der „Arbeitskreis Historisches Lankwitz", die Berliner Geschichtswerkstatt und natürlich die Jüdische Gemeinde zu Berlin. Leider ist das große Projekt bisher aus finanziellen Gründen noch nicht umgesetzt worden.

Wir folgen der Düppelstraße bis zur nächsten Querstraße, gehen nach nach links in die Kieler Straße – und sehen ein großes Gotteshaus, auch im märkischen Stil. Es ist aber nicht Backsteingotik, sondern -romanik.

Es ist die Rosenkranzbasilika, meiner Ansicht nach eine der schönsten Kirchen Berlins. Im Jahre 2000 feierte sie ihr 100jähriges Jubiläum. Der Architekt, Professor Christoph Hehl, war Professor an der Technischen Hochschule in Hannover, hat aber hier in Berlin mehrere Kirchen entworfen und gebaut. Die Herz-Jesu-Kirche in Prenzlauer Berg war sein erster Bau. Dann folgten Kirchbauten in Spandau, Steglitz, Lichterfelde, Zehlendorf und Friedenau. Sein Stil war die Neo-Romanik. Sein Auftraggeber hier in Steglitz war der Pfarrer Josef Deitmer, der spätere Bischof von Ermland in Ostpreußen. Eine Straße hinter dem Gemeindezentrum trägt seinen Namen. Märkische Vorbilder sollten damals – um die Jahrhundertwende – betont werden, denn es war noch die Zeit des sog. „Kulturkampfes". Ein Zitat aus der Festschrift der Rosenkranz-Gemeinde 2000: „Die märkische Fassade aus roten Ziegeln im ‚Klosterformat' sollte die Botschaft vermitteln, dass hier Erben und Nachfolger der Zisterzienser Jahrhunderte später selbstbewusst ihre Existenz behaupten. Es ist eine programmatische Bausymbolik, die im Lichte des noch nicht sehr lange zurückliegenden ‚Kulturkampfes' ihre Brisanz entfaltete."

Wenn man nun diese Kirche betritt (sie ist in der Regel auch außerhalb der Gottesdienstzeiten an Wochentagen geöffnet, z.B. am Markttag), ist man erstaunt über die Schönheit, die gewaltige Kuppel, die Ausmalung, die in den Jahren von 1906 bis 1930 erfolgte, und die Altäre, vor allem der Hochaltar „von seltener Vollendung", wie die Chronik des Jubiläumsjahres schrieb: „Hightech 1900". Der Maler Friedrich Stummel (1850 - 1919) und seine Werkstatt, seine Schüler Theodor Nüttgens und Karl Wenzel, das war die Schule der sog. „Nazarener", ein Historismus-Stil, der später, vor allem in der Zeit nach dem 2.Weltkrieg allgemein in Verruf kam und in vielen Kirchen verschwand, bzw. einfach weiß übertüncht wurde. Hier in der Steglitzer Rosenkranzkirche konnte diese monumentale Wirkung Gott sei Dank erhalten werden. Dass diese einzigartige Malerei überhaupt entstand, war ein Verdienst des schon erwähnten ersten Pfarrers, Josef Deitmer, der den Maler Stummel bei einer Wallfahrt nach Kevelaer am Niederrhein kennenlernte, wo dieser gerade die Wallfahrtsbasilika ausmalte. Architekt Prof. Christoph Hehl kannte den Maler auch und war gleich begeistert. Was sehen wir nun von der Ausmalung, wenn wir uns an die dämmerige Kirche gewöhnt haben? Es ist die Geschichte Jesu, wie sie in den Geheimnissen des Rosenkranzes geschildert wird, Darstellungen des freudenreichen, schmerzhaften und glorreichen Rosenkranzes, von der Verkündigung an Maria, über die Geburt Jesu bis zum Tod am Kreuz. Mariä Himmelfahrt und Krönung sind in der Apsis bzw. Kuppel zu sehen. Es ist ein Gesamtkunstwerk, mit vielen Details, die man eigentlich bei einem kurzen Besuch gar nicht wahrnehmen kann. Der Maler Stummel sagte einmal, man müsse „sehr viel vom Orientteppich lernen".

Die Bronzeplastiken der Altäre und der Kanzel sind von einem weiteren berühmten Künstler, Wilhelm Haverkamp (1864 - 1929). Und hier ist wieder eine „ökumenische Brücke". Denn der aus Münster stammende Haverkamp war auch seit der Regierungsübernahme von Kaiser Wilhelm II. für Preußen und für evangelische Kirchen tätig. So schuf er u.a. Skulpturen und Tympanonreliefs für die Kaiser-Wilhelm-Gedächtnis-Kirche und die Lutherkirche in Schöneberg, Bronzedenkmäler und Figurengruppen für öffentliche Parkanlagen, so im Tiergarten und in den Volksparks Rehberge und Friedrichshain. Hier aber können Sie am Hochaltar zwei Meisterwerke des Künstlers sehen: rechts und links vom Tabernakel das „letzte Abendmahl" und die „Hochzeit von Kana" Die Galvanoplastik war um die Jahrhundertwende das modernste Verfahren, Kunstwerke in Metall zu produzieren. „Hightech" der damaligen Zeit!

Man sollte sich schon etwas Zeit nehmen für diese Kirche, die den Bombenterror des 2. Weltkrieges weitgehend unbeschadet überstanden hat. Das war auch der Grund, warum nach der Zerstörung der katholischen Bischofskirche in der Mitte Berlins, der St. Hedwigs-Kathedrale, die großen Bistums-Gottesdienste mit dem Bischof und dem Chor der St. Hedwigskathedrale, die „Pontifikalämter", hier stattfanden. Deshalb hat sie Papst Pius XII. im Jahre 1950 in den Rang einer „Päpstlichen Basilika" erhoben.

Die Rosenkranz-Basilika ist aber nicht als „Museum" zu sehen, sondern hier haben über 100 Jahre auch Menschen „lebendige Gemeinde" gebildet. Auf dem Pfarrgrundstück an der Deitmerstraße, die seit 1952 den Namen des ersten katholischen Pfarrers nach der Reformation trägt, wurde 1969/70 das neue Gemeindezentrum mit Seniorenwohnhaus, Pfarrsaal und verschiedenen Begegnungsstätten und Büros errichtet. Und es gab in der Nachkriegsgeschichte auch immer wieder ökumenische Begegnungen und Gottesdienste, auch mit der „Selbständigen Evangelisch-Lutherischen

Gemeinde" und den evangelisch-freikirchlichen Gemeinden in Steglitz (Baptisten und Methodisten), die bis heute gepflegt werden.

1996 trat Pfarrer Joachim Finke, der 33 Jahre diese Gemeinde geleitet hatte, in den Ruhestand und bis heute ist der frühere Dompfarrer von St. Hedwig, Dr. Karl-Heinz Hoefs, hier Pfarrer.

Der weitere Weg führt nun unter der Autobahn und der Wannseebahn hindurch zum alten Postamt 41, ein schöner Bau von 1909, mit reich gegliederter Renaissance-Fassade. Dahinter ist das berühmte Steglitzer Gymnasium, auch Heese-Gymnasium genannt, 1886 errichtet und seit 1893 ein humanistisches Gymnasium – bis heute. Die „Wandervogel-Bewegung" nahm hier ihren Ausgang (sieheRoute 12 – Dahlem, St. Annen). Bekannte Absolventen dieses Gymnasiums waren Walter Gropius (der berühmte Architekt, Abitur 1903), Ferdinand Friedensburg (demokratischer Politiker und Erster Bürgermeister Berlins nach dem Kriege - bis 1951), Günther Freiherr von Hünefeld (einer der ersten, der in einem Flugzeug den Atlantik in Ost-West-Richtung überquerte) u.v.a. Auch das Steglitzer Gymnasium überstand den 2. Weltkrieg weitgehend unbeschadet.

Wir überqueren nun die Albrechtstraße. Sie ist benannt nach dem langjährigen Gemeindeverordneten von Steglitz, Karl Albrecht (1819 - 1904), der mit dem „Albrechtshof" eine neue Kommunikationsstätte, einen beliebten Treffpunkt für die Steglitzer geschaffen hatte, an der Stelle, wo heute der „Steglitzer Kreisel" steht.

Eine Querstraße weiter links, in der Mittelstraße 32, ist eine weitere ökumenische Begegnungsstätte: Seit 1976 steht hier die Christi-Himmelfahrts-Kirche, das Gemeindezentrum der Griechisch-Orthodoxen-Metropolie in Berlin, lange Jahre betreut von Erzpriester K. Drakonakis, der im Auftrag des Metropoliten Antonios Lambardakis von Elaia die griechischen Mitbürger in Berlin seelsorglich betreute. Das Haus ist der erste Kirchenneubau dieser Art in Deutschland nach dem Zweiten Weltkrieg. Und Metropolit Lambardakis war auch der erste orthodoxe Seelsorger, der Vorsitzender des Ökumenischen Rates in Berlin war – heute noch geliebt und geschätzt bei allen Christen. Man sollte sich bemühen, in das Gotteshaus mit seiner eindrucksvollen Innenausstattung, der bezaubernden Ikonostase, hineinzugehen. In Berlin leben cirka 8.000 griechische Christen, die hier ihr seelsorgliches Zentrum haben.

Zurück zur Albrechtstraße, sieht man auf dem weiteren Weg noch schöne alte Bürgerhäuser, so zum Beispiel das Haus an der Ecke Schützenstraße, 1897 erbaut. Doch unser ökumenischer Spazierweg führt weiter bis zur Filandastraße. Wenige Meter von der Kreuzung zur Albrechtstraße entfernt, fällt uns auf der linken Seite, an der Ecke zur Südendstraße, ein weiterer Kirchbau auf. Es ist die 1927 erbaute Dreieinigkeitskirche, ein Kirchbau der Selbständig-Evangelisch-Lutherischen Kirche (SELK). Nach der vom preußischen König Friedrich Wilhelm III. verordneten „Preußischen Union" der Evangelischen Kirche, die lutherische und reformierte Bekenntnisse in einer Kirche zusammenführen sollte, hatten sich viele „Alt-Lutheraner" gegen diese aufgezwungene Vereinigung gewehrt. Sie wollten ihre alten Traditionen bewahren und setzten sich durch. Doch ebenso wie die Katholiken, die nach der Reformation in Preußen unter großen Schwierigkeiten ihre Gemeinden neu aufbauen mussten, hatten auch die „Alt-Lutheraner" unter den vielen bürokratischen Schwierigkeiten und Hemmnissen zu leiden. Für die Evangelische Kirche der Union waren das eben nur „Sektierer". Heute gehört die SELK, genauso wie die Römisch-Katholische Kirche, selbstverständlich zur großen Ökumenischen Gemeinschaft in unserer Stadt!

Unser Weg führt uns nun weiter über die Filandastraße zur Bergstraße. Hier gehen wir nun rechts hinunter und sehen schon bald eine weitere Kirche auf der linken Seite.

Es ist die St. Lukas-Kirche, der dritte Sakralbau der Steglitzer evangelischen Gesamtgemeinde, 1914-19 von Baurat Walter Kern erbaut. Auf den ersten Blick meint man, hier in diesem markanten Turm den Bergfried einer Burg zu erkennen. Tatsächlich ist dieses trutzige Bauwerk aus Granitsteinen ein eindrucksvolles Bauwerk, das den 2. Weltkrieg weitergehend unbeschadet überstanden hat. Leider hat man die alte Bemalung im Innenraum bei der Renovierung beseitigt. Lediglich die alte Ausschmückung der Apsis blieb erhalten. 1965 bekam die Kirche eine neue Orgel. Seit 1949 ist die St.Lukas-Gemeinde selbständig.

Wir sind nun schon im Ortsteil „Südende", der seit 1920 zu Steglitz gehört. Vorher war das eine Landhäuserkolonie, die zum Gemeindeverband Mariendorf gehörte. Hier waren einst die „Rauhen Berge", eine hügelige Dünenlandschaft, die alles andere als attraktiv war. Doch was so ein richtiger Geschäftsmann der „Terrain AG Südend", die 1872 gegründet wurde, anpries, hörte sich so an: „Südende ist eine, durch seine angenehme

Lage an Seen, gutem Boden und hübschen Anlagen, bevorzugte Colonie. Gas- und Wasserwerke werden bereits in Angriff genommen, auch laden ein großes Restaurant sowie Park, Aussichtsturm etc. zum Besuch ein". Das war natürlich völlig übertrieben und überzogen. Aber so ist nun einmal die Werbung!

Wir gehen von der Lukaskirche kurz vor dem alten Friedhof an der Bergstraße wieder rechts die Bismarckstraße hinunter und erreichen den Steglitzer Damm, dort wo das höchste Wohnhaus von Steglitz steht, 18-stöckig und nicht gerade attraktiv. Gleich dahinter beginnt der Steglitzer Stadtpark mit dem Bäkepark. Gleich nach der verkehrsreichen Kreuzung Steglitzer Damm/Albrechtstr./Bismarckstr. kommen wir links in die Karl-Stieler-Straße und erreichen nach wenigen Metern die Markus-Kirche.

Kurz vor der Lukas-Kirche wurde die Markus-Kirche – nach der Matthäuskirche – errichtet. Sie können sich das schon denken: Die Rangfolge der Evangelisten des Neuen Testaments sollte hier in Steglitz eingehalten und zum Programm gemacht werden. Matthäus – Markus – Lukas. Und wo war der Johannes, der vierte Evangelist? Den gab es natürlich auch noch: 1913/14 in Lichterfelde, am Johanneskirchplatz – ein eindrucksvoller Rundbau, der aber im Zuge dieses Spazierweges nicht mehr berücksichtigt werden kann. Zurück zur Markus-Kirche: 1911/12 wurde sie nach Plänen der Architekten Peter Jürgensen und Jürgen Bachmann erbaut. In zeitgenössischen Darstellungen heißt es: „Schlicht und edel, wuchtig und mächtig, in seinem Äußern und Innern etwas von der markigen Tatsächlichkeit des zweiten Evangeliums wiedergebend, steht die Markus-Kirche da ..." (Zitat aus „Evangelische Kirchen in Berlin ...", S. 227). Der Eingang ist auf der Nordseite. Über der Tür ist eine Plastik von August Rhades, die den Evangelisten Markus mit dem Löwen zeigt. Im Innern ist die Kirche eine schlichte dreischiffige Predigtkirche, die 1943 durch Bomben zerstört, doch 1954 nach umfangreichen Restaurierungen wieder eingeweiht wurde. Das Gemeindehaus befindet sich an der Albrechtstraße, die Kindertagesstätte seit 1973 an der Liliencronstraße.

Nun kann ich den Spaziergängern durch Steglitz nicht zumuten, noch zur Johanneskirche in Lichterfelde zu laufen. Wer also nach der Markus-Kirche noch nicht ganz „fußmüde" ist, sollte doch in Südende das katholische „Pendant" aufsuchen: die Kirche „St. Johannes-Evangelist" in der Sembritzkistraße 17/19, also nicht mehr weit vom Steglitzer Damm entfernt. Ein Turm über dem Portal begrüßt schon von weitem den Besucher dieser ältesten katholischen Neubaukirche nach dem 2. Weltkrieg. Sie wurde am 29. Juni 1951 eingeweiht (konsekriert). Katholiken gab es in der Villensiedlung Südende schon 1873. Und auch ein Säuglingsheim der Ordensgemeinschaft der Dominikanerinnen. Seit 1929 war Südende schon eine selbständige Kuratie, 1941 Pfarrei. Ein ehemaliges Restaurant wurde erste Gottesdienststätte, der Tanzsaal die erste Kapelle. Nach der Zerstörung durch Bomben waren die Katholiken in ökumenischer Brüderlichkeit zu Gast im evangelischen Gemeindesaal! Die Kirche heute zeigt basilikale Formen, ist ausgestattet mit Mosaiken von Ludwig Peter Kowalski und einer Kreuzigungsgruppe von Hans Wachter. Eine Orgel der Firma Späth wurde 1970 eingebaut und später erweitert. In Südende leben heute etwa 1.900 Katholiken.

Hier soll unser ökumenischer Spaziergang durch Steglitz enden.

Route 12.

Wo die Reichen wohnen: die Villenkolonie Dahlem

Im Mittelalter war die Gegend um Dahlem eine schreckliche Öde und Wildnis – nur Sumpf und Sand! Und ausgerechnet hier – auf einer kleinen Anhöhe – entstand im 13. Jahrhundert eine kleine Kirche, wahrscheinlich von Zisterziensermönchen errichtet, der heiligen Mutter Anna geweiht.

Anna, das war der Überlieferung nach die Mutter der Gottesmutter Maria, also die „Oma" von Jesus Christus. Und sie wurde im Mittelalter besonders verehrt als Fürsprecherin für alle Menschen in Not. In der Kunstgeschichte wird sie allgemein dargestellt als „Anna selbdritt", mit ihrer Tochter Maria und dem Jesuskind auf ihren Armen. Martin Luther hatte sein Mönchsgelübde bei seinem Eintritt in das Kloster der Augustiner-Eremiten in Erfurt besonders der hl. Anna geweiht.

Der Name Dahlem kommt aus dem Slawischen: „dol-hem" bedeutet: „Siedlung auf einer Anhöhe". Nun, eine Siedlung gab es rund um die kleine Kirche noch nicht.

Dahlems Bedeutung setzt erst später ein, als hier ein Gutshof errichtet wird, aus dem später eine staatliche Domäne entsteht. Und es dauerte auch nicht lange, da wurde die Gegend rund um die Domäne unter dem Ministerialdirektor Dr. Hugo Thiel, einem führenden Landwirtschaftswissenschaftler seiner Zeit (nach ihm ist die Dahlemer Thielallee benannt), als Villenvorort bekannt. Um die Jahrhundertwende 19./20. Jh. war Dahlem schon, fast wie Grunewald, besiedelt von Künstlern, Gelehrten und Wissenschaftlern, aber auch von höheren Beamten, Juristen und Lehrern. Dahlems Bedeutung als Wissenschaftsstandort wuchs bereits Anfang des 20. Jahrhunderts mit der Verlegung des Botanischen Gartens hierher und der Schaffung des Pharmazeutischen Instituts der Friedrich-Wilhelm-Universität 1897. Es folgten bereits in der Kaiserzeit viele weitere wissenschaftliche und Forschungseinrichtungen. Einer der großen Förderer war Friedrich Althoff (1839 - 1908), ein „führender Kopf innerhalb des Kultusministeriums" und einer der „fähigsten und einflussreichsten Politiker Preußens überhaupt" (Michael Engel: Geschichte Dahlems, S. 69 f). Er wurde auf ausdrücklichen Wunsch hin im Botanischen Garten bestattet. Auch die Bedeutung der „Kaiser-Wilhelm-Gesellschaft zur Förderung der Wissenschaften", die in Dahlem ihren Sitz hatte und zahlreiche Forschungsinstitute hier unterhielt, muss hervorgehoben werden. Das heutige „Max-Planck-Institut" geht auf diese Initiative zurück.

Ein ökumenischer Spazierweg durch Dahlem hat aber andere Schwerpunkte: die alte St. Annen-Kirche, die für die evangelische Gemeinde später noch wichtigere Jesus-Christus-Kirche am Thielplatz, und zunächst die katholische St. Bernhard-Kirche an der Königin-Luise-Straße, unweit des U-Bahnhofs Dahlem Dorf.

Die Route im einzelnen:

Wir beginnen unseren Spazierweg am U-Bhf. Dahlem-Dorf. Das Empfangsgebäude dieses Bahnhofs ist geradezu ein Wahrzeichen Dahlems geworden, denn das Architektenbrüderpaar Hennings hatte bewusst Rücksicht auf die ländliche Umgebung, besonders auf den nahegelegenen Gutshof, nehmen wollen. Das Reetdach brannte zwar 1980 zum großen Teil ab, wurde aber danach in der alten Weise wiederaufgebaut. Die U-Bahnlinie nach Dahlem gibt es schon seit 1911 (ab 1909 vom Wittenbergplatz bis zum Breitenbachplatz). Bevor wir uns dem Dorf mit seinem Gutshof und der St.Annen-Kirche zuwenden, gehen wir nach rechts hinunter, die Königin-Luise-Straße entlang. Wir sehen schon bald den Turm der katholischen St. Bernhard-Kirche, unser erstes Ziel. Der 36 Meter hohe Turm wird von einer Plastik des Namenspatrons, Bernhard von Clairvaux, von Otto Hitzberger geschmückt. Ansonsten ist die Kirche von Wilhelm Fahlbusch im Stil der „Neuen Sachlichkeit" in Klinkerbauweise erbaut und wurde am 9. September 1934 vom damaligen katholischen Bischof Nikolaus Bares konsekriert. Ein Jahr später, am 1. 12. 1935, wurde die Pfarrgemeinde seelsorglich selbständig. Es wohnten damals 1.700 Katholiken, darunter viele katholische Hausangestellte, in Dahlem. Doch auch vorher schon, seit dem 1. Weltkrieg, gab es Katholiken hier. Sie gehörten zur Steglitzer Rosenkranz-Gemeinde. Ab 1923 hatten sie die Möglichkeit, Gottesdienste in der Kapelle des von Missionsschwestern vom Heiligsten Herzen Jesu geleiteten Kinder-, Säuglings- und Entbindungsheims „Haus Dahlem“ an der Lentzeallee zu besuchen, das bis 1971 bestand. Hier erblickten damals auch die meisten Katholiken aus dem Südwesten Berlins das Licht der Welt. Auch andere Ordensgemeinschaften hatten und haben in Dahlem Häuser und Klöster, so bis heute die aus dem Ermland stammenden Katharinerinnen, die hier am Bachstelzenweg ihr Mutterhaus haben. Sie betreuen in Berlin-Wilmersdorf das St. Gertrauden-Krankenhaus.

Zurück zur St.Bernhard-Kirche, die im 2.Weltkrieg 1943 durch Bomben zerstört wurde und erst 1952 wieder aufgebaut werden konnte. Wichtig im Zusammenhang mit der Ökumene ist die Tatsache, dass in der Zeit der Zerstörung der Kirche die Katholiken von den evangelischen Mitchristen gastfreundlich aufgenommen wurden und ihre Gottesdienste in der St. Annen-Kirche feiern durften.

Viele Teile der Ausstattung der St.Bernhard-Kirche gingen im Krieg verloren. Bemerkenswert sind heute das Altarkreuz und der Kreuzweg von Jacob Hügel, eine Marien- und Josefsfigur von Josef Dorls, eine große Orgel der Firma Stockmann und – seit 1983 – die von Paul Corazolla gestalteten Fenster. Die St. Bernhard-Gemeinde zählt heute cirka 2.150 Gemeindemitglieder.

Von St. Bernhard geht es zurück zum alten Dorf Dahlem, genauer zur:

„Domäne“ Dahlem.

Schon im „Schlossregister“ von 1451 werden der Dahlemer Gutshof und das kleine Dorf erwähnt. Der Hof und die Ländereien waren im Laufe der weiteren Jahrhunderte im Besitz verschiedener märkischer Adelsgeschlechter, die es mehr schlecht als recht bewirtschafteten. Das Geschlecht derer von Spiel verschuldete sich derart, dass es nach dem Dreißigjährigen Krieg zu einem völligen wirtschaftlichen Zusammenbruch kam und Adam Friedrich von Spiel 1655 Dahlem an den Generalwachtmeister Georg Adam von Pfuhl verkaufte. Von ihm erwarb 1671 sein Neffe Kuno Hans von Wilmersdorff das Anwesen. Und nun ging es mit dem Gut Dahlem wieder bergauf. Eine Mühle wurde errichtet, neue Bauern angesiedelt. Kuno Hans von Wilmersdorff gehörte zu den „fähigsten brandenburgischen Beamten seiner Zeit. Er setzte sein Organisations- und Finanzgeschick nicht nur für eigennützige Ziele ein, sondern hat darüber hinaus wertvolle Arbeit für den Teltow geleistet".(Michael Engel: Geschichte Dahlems, S.16). Wilmersdorff wurde zunächst „Kreiskommissar", später der erste Landrat des Kreises Teltow (1701). Er starb am 30. August 1720 und fand, zusammen mit seiner Ehefrau, einer geborenen von Hake, seine letzte Ruhestätte in der Dahlemer Dorfkirche St. Annen. In einem späteren Nachruf heißt es: Kuno war „ein brandenburgischer Ritter, der seinem kurfürstlichen und später königlichen Landesherrn treu und uneigennützig als Beamter seine Dienste lieh und somit zur Wiedergenesung der brandenburgischen Wirtschaft und Vorbereitung des friederizianischen Aufstiegs beitrug". (zitiert nach M. Engel, ebd.).

Nach dem Tode des Kuno blieb der Gutshof bis 1799 noch im Besitz der Nachfahren derer von Wilmersdorff und wurde dann zunächst an den Grafen von Podewil, später an den Besitzer des benachbarten Gutes Steglitz, Graf Karl-Friedrich von Beyme weiterverkauft. 1841 verkaufte dieser das Rittergut für 200.000 Mark an den preußischen Fiskus, und so wurde Dahlem „Königliche Domäne". Zusammen mit dem Steglitzer Gut umfasste das gesamte Gelände eine zusammenhängende Fläche von 530 Hektar. Fünf Jahre stand es unter staatlicher Leitung, dann wurde es weiter verpachtet. Und so schlug bald die Stunde der Villenkolonie.

Die Domäne gibt es heute nicht mehr, wohl aber den „Verein der Freunde der Domäne Dahlem", die sich in den letzten Jahren um den Erhalt der Gebäude und um neue Nutzungsmöglichkeiten für das noch vorhandene Land bemüht. Schon in den 80er Jahren wurde das alte Herrenhaus derer von Wilmersdorff umfassend restauriert. Der leuchtend gelb verputzte Anbau von 1913 strahlt auch wie neu. Einige Stallungen des Gutshofes sind gut erhalten. Das ganze Gelände ist wie ein großes Freilichtmuseum mit Tieren, einem Demonstrationsgarten, Ausstellung von Handwerkstechniken u.a.

Auf dem Dorfanger – vor dem Eingang zur Domäne – kann man noch ein Kriegerdenkmal (1926) und den Eingang zu einem bereits 1709 eingerichteten Eiskeller sehen.

Dann überqueren wir die Pacelliallee, benannt nach Eugenio Pacelli, der von 1925 bis 1929 Apostolischer Nuntius in Berlin war und später (1939 bis 1958) als Papst Pius XII. bekannt wurde.

St. Annen-Kirche und Friedhof

Bevor wir die Dahlemer Dorfkirche St. Annen betreten, etwas zu dem Kirchhof, der sie umgibt. Nur ein kleiner Teil des Dahlemer Friedhofs gehört der Kirchgemeinde, der Teil rund um das Gotteshaus. Der Rest ist städtisch und birgt Gräber vieler berühmter Menschen – Wissenschaftler, Künstler, Schauspieler und Industrielle. Einige Namen: Paul Riensberg (Direktor der Pulverfabrik in Spandau), Dr. Rudolf Havenstein (Reichsbankpräsident), Professor Friedrich Meinecke (Geschichtsprofessor), Lilli Lehmann (Opernsängerin), Rotraut Richter (Schauspielerin, „Das Veilchen vom Potsdamer Platz"), Professor Koerner (Gründer des Botanischen Garten) und Dr. Rudi Dutschke (Studentenführer). Ein Grabstein hat aber „Geschichte" gemacht, gleich rechts, wenn man den Kirchhof von der Pacelliallee aus betritt: der von Kaethe Branco, die Tochter des berühmten Physikers Hermann von Helmholtz. Sie heiratete in jungen Jahren den Wissenschaftler Professor Dr. Branco und starb im Alter von erst 27 Jahren 1877 an einem Lungenleiden. Ein Freund der Familie dichtete ihr einen Grabspruch, der zum Nachdenken anregen soll:

> „Wer hat Euch Wandervögeln die Wissenschaft geschenkt,
> dass Ihr auf Land und Meeren nie falsch die Flügel lenkt?
> Dass Ihr die alte Palme im Süden wieder wählt,
> dass Ihr die alten Linden im Norden nicht verfehlt?"

Eine Gruppe von Schülern des Steglitzer Gymnasiums unternahm um die Jahrhundertwende 19./20.Jh. einen Ausflug hierher nach Dahlem und besuchte auch die St. Annen-Kirche. Sie lasen den Grabspruch und waren davon so begeistert, dass sie sich fortan die „Wandervögel" nannten. 1901 wurde dann in Steglitz offiziell die „Wandervogel-Bewegung" gegründet.

Nun aber zur Kirche selbst. Die Anfänge der Kirche gehen auf das frühe 13. Jahrhundert zurück. 1270 wird sie erstmals auch urkundlich erwähnt. Der jetzige Bau stammt aber aus dem 14. Jahrhundert, schon im gotischen Stil mit Ziegelsteinen unter Verwendung alter Feldsteine erbaut. Hochgotisch ist der Chorraum mit einem schönen Kreuzrippengewölbe aus der zweiten Hälfte des 15. Jahrhunderts. Der Gruftanbau – heute Sakristei – ist einige Jahrzehnte später dazugekommen. 1620 brannte die Kirche aus. Es war die Zeit des Dreißigjährigen Krieges. Der schon erwähnte neue Gutsbesitzer Kuno Hans von Wilmersdorff sorgte für den Wiederaufbau. Zwei große Fenster wurden hineingebrochen, 1679 die bunt bemalte, hölzerne Kanzel im Stil bäuerlicher Renaissance aufgestellt. Im Hochaltar wurde ein Schrein mit hölzernen Schnitzfiguren aus dem 16. Jahrhundert hineingearbeitet. Im Mittelpunkt steht natürlich die Kirchenpatronin, die hl. Anna „selbdritt", mit der Gottesmutter Maria und dem Jesuskind auf den Armen. Eingerahmt ist sie von der hl. Ursula und dem hl. Nikolaus, beide ebenfalls Patrone der Kirche. In den seitlichen Flügeln stehen weitere populäre Heilige: die hl. Barbara, Katharina, Agnes und Lucia, darunter die Apostel Petrus, Paulus, Johannes und Jakobus.

Bis 1979 – mit einer Unterbrechung während des 2. Weltkrieges (da war der Schrein ausgelagert) – bildete diese wertvolle Schnitzfigurengruppe den Hochaltar. Dann kamen so genannte „Kunstliebhaber" und raubten mehrere Figuren. Bis auf zwei konnten sie allerdings auf dem Kunstmarkt wiedergefunden werden. Der Schrein befindet sich jetzt neben dem Eingang zur Gruft (Sakristei), während eine spätgotische Kreuzigung den Hochaltar bildet. Das Gemälde stammt aus der im Krieg zerstörten Franziskaner-Klosterkirche in Berlin und wurde der St. Annen-Kirche nach dem Kriege als Leihgabe zur Verfügung gestellt. Hinter dem Altar, einem einfachen Tisch aus Ziegelsteinen, befinden sich die bronzierten Steingrabplatten (Epitaphien) des Kuno Hans Graf von Wilmersdorff, mit seiner Gemahlin und einem weiteren Mitglied der Gutsbesitzerfamilie.

1893 entdeckten Kunststudenten in den Jochen des Westteils der Kirche unter der Putzschicht farbige Wandgemälde, Fresken aus dem 13. Jahrhundert, als St. Annen noch Wallfahrtskirche war. Obwohl Restauratoren seither immer wieder versuchten, die Fresken zu säubern und aufzuhellen, blieben sie bis heute blass und schwer erkennbar. Gezeigt werden Szenen aus dem Leben Jesu und der heiligen Mutter Anna. Man sieht Pilger vor ihr knien. Die unter den Fresken sichtbaren beiden Weihekreuze sind noch älter als die Malereien.

1906 wurde die St.Annen-Kirche noch einmal umgestaltet. Das kunstvoll geschnitzte Gestühl, das Taufbecken und die Leuchter stammen aus dieser Zeit. Im 2. Weltkrieg wurde diese Kirche von Bomben verschont. Lediglich der Turm wurde von einer Granate getroffen.

Übrigens, dieser Turm diente im 19. Jahrhundert einem ganz profanen Zweck: Irgendein kluger Kopf kam 1832 auf die Idee, dort eine Relaisstation einer optischen Telegraphenlinie zu errichten. Die Kirche lag nämlich so günstig auf einer Anhöhe – mit Sichtkontakt zur Sternwarte in der Berliner Dorotheenstraße einerseits und zum Potsdamer Telegraphenberg andererseits. So war also die Dahlemer St. Annenkirche eine wichtige Zwischenstation dieser Telegraphenlinie zwischen Berlin und Koblenz geworden. Die frommen Gemeindemitglieder waren davon nicht begeistert, denn wenn die Signalarme auf Rollen bewegt wurden, dann quietschte und knarrte das und störte den Gottesdienst.

Ein wichtiges Kapitel der Geschichte dieser Dahlemer Gemeinde, das der Zeit der Nazi-Diktatur, soll hervorgehoben werden. An der St. Annen-Kirche war damals Pastor Martin Niemöller tätig. Das benachbarte Pfarrhaus trägt jetzt seinen Namen: „Pastor Niemöller-Friedenszentrum". Im Zusammenhang mit der Jesus-Christus-Kirche in Dahlem komme ich darauf zurück. In einem Buch über die „Gemeinden im Kirchenkampf – Die Stunde der Versuchung" (München, 1963) fand ich folgendes Zitat: „In Dahlem ist immer überdurchschnittlich gepredigt worden ... Die Predigten von Johannes Eger, dem späteren Magdeburger Generalsuperintendenten, haben in der Gemeinde den Grund gelegt, nicht nur für das Verständnis der von Karl Barth ausgehenden Besinnung, sondern auch dafür, dass ein großer Teil der Gemeinde in den Entscheidungen des Kirchenkampfes so mitgegangen ist, wie es geschah ..." (Zitat-Ende).

Wir verlassen nun die St. Annen-Kirche und gehen hinter dem Friedhof ein Stück in die Straße „Im Gehege" hinein. Hier sehen wir eine Schule, die frühere „Gertraudenschule", zwischen 1910 und 1922 erbaut – für die „höheren Töchter" der hier in Dahlem wohnenden Akademiker und Beamten. Der Baustil der Schule nennt sich „expressiver Realismus", in Anklängen an den Neo-Renaissance-Stil. Heute beherbergt sie eine Realschule, benannt nach dem Polarforscher Alfred Wegener. Ein Hauch einer englischen Landhaussiedlung liegt hier über der Umgebung. Über die Straße „Vogelsang", vorbei am 1909 errichteten Arndt-Gymnasium, laufen wir die Bitterstraße weiter zum Thielpark. Immer wieder sieht man diese Grünzüge, obwohl es in Dahlem eigentlich eine „richtige" Parkanlage, wie in der Innenstadt, nicht gibt. Es sind alte, aus der Eiszeit stammende Rinnen, die zum Bauen nicht geeignet waren und so als Grünfläche erhalten blieben. Sie tragen ganz romantische Namen, wie: „Vogelsang", der

„Schwarze Grund", später: der „Thielpark", der „Dreipfuhl" und dann das „Fischtal". Ein Gartenarchitekt namens Max Dietrich hatte in den 20er und 30er Jahren mit der Gestaltung dieser schmalen Grünzüge begonnen. Besonders im Frühjahr lohnt sich der Weg, wenn man die frische Grünskala genießen kann: vom dunklen Tannen- bis zum weißen Birkengrün. Auch das gehört zu einem ökumenischen Spazierweg: Gottes schöne Natur zu genießen und Ihm dafür zu danken!

Unweit des U-Bahnhofs Thielpark sehen wir schon das rote Backsteingebäude der evangelischen Hauptkirche Dahlems:

Die Jesus-Christus-Kirche.

Die Dorfkirche St. Annen war bereits um die Jahrhundertwende 19./20.Jh. für den wachsenden Villenvorort Dahlem viel zu klein gewesen. So hatte man schon im Sommer 1914 einen Architektenwettbewerb für den Neubau einer größeren Kirche ausgeschrieben. An der Ecke Faradayweg/Hittorfstraße hatte man das geeignete Grundstück gefunden. Der Architekt Heinrich Straumer, der auch das U-Bhf.-Gebäude Thielpark und den Berliner Funkturm entwarf, gewann mit seinem historisierenden Entwurf den ersten Preis. Er legte Wert darauf, dass der Turm in der Sichtachse zur neu geplanten U-Bahn-Linie lag, und wollte somit ein neues Dahlemer Wahrzeichen schaffen, was ihm auch gelang. In der Dahlemer Chronik von Michael Engel wird kritisch dazu angemerkt: „Dieser Entwurf drückt vieles von der elitären Haltung der Dahlemer Einwohner aus: ein den mittelalterlichen Stadtkirchen nachempfundenes Gotteshaus voller ‚Stimmung' mit aufwendiger Brauthalle und eigens gestalteter Vorfahrt für die Hochzeitskutschen". (M. Engel, S.157). Sogar eine Krypta für Erbbegräbnisse vornehmer Dahlemer Familien war vorgesehen.

Der 1. Weltkrieg machte die Pläne Straumers zunächst einmal zunichte. Erst 1930/31 konnte der Bau dann nach Plänen von Jürgen Bachmann ausgeführt und am 20. Dezember 1931 feierlich eingeweiht werden. Ein Pfarrhaus und später auch ein Gemeindesaal am Faradayweg wurden hinzugefügt. Die Jesus-Christus-Kirche war nun eher im Stil der „Neuen Sachlichkeit" gebaut worden, vergleichbar der katholischen St.Bernhard-Kirche. 48 Meter hoch ist der Turm. Über dem Giebel des Haupteingangs prangt eine Christus-Figur des Bildhauers Ludwig Isenbeck. Der relativ schlichte Innenraum hat etwas Besonderes: eine hervorragende

Akustik. Hier entstanden schon Schallplattenaufnahmen der Berliner Philharmoniker mit klassischer Musik, sowie Aufnahmen von Berliner Konzertchören.

Aber zurück zur besonderen Bedeutung der Dahlemer Evangelischen Gemeinde in der Zeit des Nazi-Regimes: Pastor Martin Niemöller wurde schon erwähnt. Im Oktober 1934 gründete er – zusammen mit weiteren evangelischen Geistlichen wie Fritz Müller-Dahlem, Martin Albertz und Helmut Gollwitzer, den so genannten „Pfarrer-Notbund", um gegen die Gleichschaltung der Evangelischen Kirche im NS-Regime als „Deutsche Christen" zu protestieren. Hier in Dahlem fand im gleichen Jahr die Tagung der „Freien Evangelischen Synode", die ein Jahr später als „Bekenntnissynode" bekannt wurde, statt. Die Predigten, die Martin Niemöller in der Dahlemer Jesus-Christus-Kirche und auch in der St. Annen-Kirche hielt, wurden heimlich vervielfältigt und schon bald weltbekannt, auch in katholischen Gemeinden. Am 27. Juni 1937 war Niemöllers letzte Predigt in Dahlem. Von der Kanzel herab wurde er verhaftet. Nach einem spektakulären Prozeß wurde er zu Festungshaftstrafe verurteilt und später in das KZ Sachsenhausen überführt.

Niemöller, ebenso wie der spätere Theologieprofessor Helmut Gollwitzer, überlebten das NS-Regime. Gollwitzer, Pfarrer in Dahlem auch in den 60er bis 80er Jahren, war in dieser Zeit wiederum umstritten, weil er sich für die damals aufbegehrende Studentenschaft um Rudi Dutschke einsetzte und später Ulrike Meinhof, die in die Terroristenszene abgeglitten war, bei sich aufnahm. Das hat dem bis zuletzt aufrechten und engagierten Christen viel Unverständnis, ja Feindschaft in der Öffentlichkeit eingebracht.

Zum Abschluss des ökumenischen Spazierweges durch Dahlem noch ein kurzes Wort zur Freien Universität Berlin, die am 4. Dezember 1948 unter dem Rektorat des Geschichtsprofessors Dr. Friedrich Meinecke gegründet wurde. Durch die Boltzmannstraße kann man noch zum Hauptgebäude, dem Henry-Ford-Bau an der Garystraße mit dem Auditorium maximum und verschiedenen Hörsälen und anderen Einrichtungen hinübergehen. Diese Gebäude entstanden 1952 aus Mitteln der US-amerikanischen Henry-Ford-Stiftung. Sie haben besonders Ende der 60er und in den 70er Jahren bewegte Zeiten erlebt.

Über die Garystraße erreicht man dann den U-Bahnhof Oskar-Helene-Heim, den Endpunkt des Spaziergangs.

Route 13:

„Mit Kind und Kegel raus nach Tegel“

Einführung:

Wenn man an Tegel denkt, fällt einem zunächst einmal dieses Zitat ein, das den Berlinern aus ihrer Kindheit vertraut ist. Doch Tegel ist mehr als ein Ausflugsort, wo man den Dampfer besteigt, um über den Tegeler See zu schippern. Gerd Koischwitz meinte in seinem Buch über die „Sechs Dörfer in Sumpf und Sand“, (Verlag Wilhelm Möller oHG, o.J.), wobei er die Geschichte der Dörfer des Bezirks Reinickendorf meinte, „Das Beste von Tegel liege außerhalb des Ortes, wenn man an das Schlösschen oder an den See mit seinen Inseln denkt.“

Dem muss ich aber widersprechen. Sicher ist das Dorf Tegel nie von Bedeutung gewesen. 1322 erstmals urkundlich erwähnt, war Tegel ein Klosterdorf des Benediktinerinnenklosters St. Marien zu Spandau. Ebenso wie Dalldorf, das heutige Wittenau. Wenn man in den Chroniken liest, findet man so manche traurige Zeit für dieses Dorf, schon unter dem Rittergeschlecht der Quitzows, dann im Dreißigjährigen Krieg, schließlich in der Zeit, als Kurfürst Friedrich III. das Gut Tegel gekauft hatte. Das Dorf Tegel veränderte sich erst zum Beginn des 19. Jahrhunderts, als der Fuhrherr Veit, der Bankier Schlieper und der Amtsrat Brunow aus dem Ort einen „wahrhaft schönen Ort“ schufen, bzw. schaffen wollten. Alle drei sind heute in Straßennamen verewigt. Später wurde Tegel sogar großstädtisch, als nämlich August Borsig sein Lokomotivwerk hier hinaus verlegte. Aber dazu nachher mehr.

Mit dem Namen Tegel verbunden sind vor allem die Gebrüder von Humboldt, besonders Wilhelm von Humboldt, der „Weltbürger", der hier in Tegel in dem von Schinkel 1822 - 1824 gründlich umgebauten Schloss seine Jugend und sein Alter erlebte. Sein Bruder Alexander ließ sich seine Erbschaft auszahlen und zog bekanntlich in die Welt hinaus. Er ruht aber ebenfalls in der Grabstätte der Familie im Park des Schlosses Tegel.

Ökumenischer Spazierweg durch das alte Tegel:

Ein ökumenischer Spazierweg durch Tegel sollte schon am U-Bhf. Holzhauser Straße (U6) beginnen. Der Platz an der Ecke Bernauer Str./Berliner Str. vor dem Hintergrund des großen Komplexes der Justizvollzugsanstalt Tegel – früher Zuchthaus Tegel – heißt heute Bernhard-Lichtenberg-Platz. Ein Gedenkstein erinnert an einen prominenten Häftling, den von der katholischen Kirche seliggesprochenen Dompropst von St. Hedwig in Berlin, der mutig gegen die Pogrome der Nazis gegen die Juden auftrat. In den Routen 1 und 6 bin ich bereits näher auf ihn eingegangen. Bernhard Lichtenberg war am 9. November 1938 unterwegs durch die Straßen Berlins und sah die Synagogen und jüdischen Geschäfte brennen und erlebte dabei die ganze Feindschaft und den Hass gegen die jüdischen Mitbürger hautnahe. Das bewegte ihn innerlich so sehr, dass er nunmehr öffentlich in der St. Hedwigs-Kathedrale für die verfolgten Juden betete. Die Anzeige eines „BdM-Mädchens" bei der Gestapo führte zu seiner Verhaftung. Es kam zum Prozess, und Bernhard Lichtenberg wurde zu drei Jahren Zuchthaus verurteilt. Insgesamt zweieinhalb Jahre – von 1941 bis 1943 – war er hier in Tegel inhaftiert. Als er entlassen werden sollte, wartete hier vor dem Gefängnistor schon ein Fahrzeug, das ihn in das Konzentrationslager Dachau abtransportieren sollte. Auf dem Transport dorthin starb er in Hof/Franken an Hunger und Erschöpfung. Bernhard Lichtenberg ist hier in Tegel nicht nur durch diesen Gedenkstein und dem nach ihm benannten Platz präsent, sondern vor allem durch die Bernhard-Lichtenberg-Gedächtnis-Kirche an der Bernauer Straße. Die zehn Minuten Fußweg vom U-Bahnhof Holzhauser Straße lohnen sich.

Die Kirche an der Ecke Sterkrader Straße ist eigentlich nach dem Namenspatron Lichtenbergs, dem hl. Bernhard von Clairvaux benannt. Dieser große Zisterzienser-Abt der den Orden im Sinne des hl. Benedikts reformierte, wird von manchen geschmäht als „Kreuzzugsprediger", doch er schuf ein großartiges Missionierungswerk – gerade auch hier im Raum zwischen Elbe und Oder. Zisterzienser, das hatte auch Theodor Fontane erkannt, waren „mit dem Kreuz in der linken, mit Axt und Spaten in der rechten Hand“ ausgezogen, um friedlich das slawisch-heidnische Land zu christianisieren und Klöster und Dörfer zu gründen.

1952 wurde hier in Tegel-Süd, zunächst in der Siedlung „Waldidyll“, eine katholische Gemeinde gegründet. Der erste Pfarrer, Franz Müller (1952-1968), war vorher Kaplan unter Bernhard Lichtenberg an der Domkirche St. Hedwig. Er hatte natürlich im Hinterkopf, dass diese Kirche, die am 27. März 1960 von Kardinal Julius Döpfner konsekriert wurde, nicht nur den hl. Bernhard, sondern eben auch den heute seliggesprochenen Bernhard Lichtenberg in besondere Fürsprache nehmen sollte.

Wenn Sie in diese Kirche eintreten, fällt Ihnen zunächst einmal die 1971 von Professor Werner Gailis geschaffene eindrucksvolle Kreuzigungsgruppe in dem vom Oberlicht bestrahlten Altarraum auf. Der gleiche Künstler schuf auch eine Pietá und auf der linken Seite in der Kirche ein Bildhauerwerk, das Bernhard von Clairvaux und Bernhard Lichtenberg im Lehrgespräch verbindet. Sehenswert ist auch die Krypta unter dem Altar. Hier hat Joachim Dammer in Wandmalereien Szenen aus dem Leben beider Bernhards dargestellt. Bernhard Lichtenberg wird dort u.a. eindrucksvoll als Häftling in Tegel gezeigt. Übrigens: Die Orgel in der St. Bernhard-Kirche ist Teil eines Instruments aus der evangelischen Epiphanien-Kirche in Berlin-Charlottenburg.

Die ökumenische Zusammenarbeit mit der benachbarten evangelischen Martinuskirche, Sterkrader Straße 47, also wenige Meter von St. Bernhard entfernt, ist sehr gut. Die evangelische Gemeinde in Tegel-Süd wurde fast zeitgleich mit St. Bernhard gegründet. Schon 1957 wurde die Martinus-Gemeinde von der Kirchengemeinde Alt-Tegel abgetrennt. Sie trägt seit 1967 den Namen des heiligen Martin, sicher auch in Erinnerung an Martin Luther. Doch das Schöne und Besondere ist, dass man in Tegel-Süd das Martinsfest am 11. November gemeinsam feiert: mit einem ökumenischen Martinsumzug.

Der Bau der jetzigen Kirche erfolgte 1962/63 nach den Entwürfen von Professor Eduard Ludwig. Im März 1963 wurde sie eingeweiht, im Juni des gleichen Jahres erfolgte die Einweihung des benachbarten Kindergartens. Eine Orgel folgte 1964. Die Kirche wurde über einem Gemeindesaal, der Küsterei und weiteren Gemeinderäumen errichtet, also ganz praktisch. Im

Innern ist das Altarbild von Götz Loepelmann und die Taufe von Rudi H. Wagner zu erwähnen. Zusammen mit der „Hoffnungskirche" in Neu-Tegel, am Tile-Brügge-Weg, die auch 1960 eingeweiht wurde, und zusammen mit der alten Dorfkirche Tegel, hat die heutige evangelische Gemeinde Tegel vier Gottesdienststätten, die aus Personalmangel wieder eine Gemeinde bilden.

Auf dem Weg ins alte Dorf Tegel empfehle ich das Spazieren über die herrliche Promenade am Tegeler See, die später auch die „Greenwich-Promenade" heißt, in Beziehung zur Partnerstadt Tegels, Greenwich in England. Sie werden dort sogar eine Original-Telefonzelle aus England finden. Der Weg ist nicht weit zur Dorfaue Alt-Tegel. Hier war einst das mittelalterliche Runddorf Tegel. Dörfliches ist kaum noch zu finden, bis auf einige wenige rekonstruierte Häuser. Auch von einer Dorfkirche ist nichts mehr zu sehen. Wie diese Dorfkirche einst ausgesehen hat, ist nicht bekannt. Es soll noch im 18. Jahrhundert ein einfacher Holzbau aus Fachwerk gewesen sein. Dann wurde 1756 ein barocker Massivbau errichtet. Auch davon gibt es kaum noch Erinnerungen. Ein alter Stich von 1793 vermittelt etwa einen ungefähren Eindruck dieser Kirche. Nach dem Abbruch dieser Kirche, in der – laut Chronik – am 28. März 1911 der letzte Gottesdienst gefeiert wurde, entstand nun etwas Neues nach den Entwürfen des Architekten Jürgen Kröger: ein Backsteinbau im neo-romanischen Stil mit einem 31 m hohen Turm. Es war ein dreischiffiger Saalbau mit Emporen. Die halbrunde Apsis war ursprünglich sogar ausgemalt. Doch dann kam der 2. Weltkrieg und am 26. November 1943 erlitt die Kirche schwere Schäden. Das Dach war abgedeckt. Auch das Gemeindehaus Alt-Tegel 37-39 war völlig zerstört. Nach dem Kriege wurde am Palmsonntag 1946 wieder ein erster Gottesdienst in der Kirche gefeiert. Doch erst 1956 war das Kirchendach wieder neu gedeckt. 1960 – am 13. November – wurde die Kirche neu eingeweiht. Und 1964 - 1971 entstand auch das Gemeindehaus neu: als Jugendheim mit Kindergarten.

Gehen wir nun weiter in Richtung U-Bahnhof Alt-Tegel, dort wo die Straße Alt-Tegel zur „Fußgängerzone" wird – es ist übrigens die älteste Fußgängerzone Berlins, schon 1968 angelegt! Geht man hier rechts in den Medebacher Weg hinein in Richtung Brunowplatz, sieht man schon bald den hohen Turm der katholischen Herz-Jesu-Kirche.

Die Geschichte dieser ersten katholischen Gemeinde nach der Reformation hier in Tegel ist ein Stück abenteuerlich. Denn sie geht auf die Initiative eines „Laien“ zurück, des aus Schlesien stammenden Lehrers Max Jähnert. Das Gebiet von Tegel gehörte um die Jahrhundertwende 19./20.Jh. noch zu Reinickendorf, ab 1901 zur Gemeinde Velten. Max Jähnert sammelte damals Sonntag für Sonntag die katholischen Familien von Tegel ein und fuhr sie mit einem Pferdewagen zur 15 km entfernten Pfarrkirche nach Velten. Am 4. Juli 1897 wurde in seiner Tegeler Wohnung ein erster katholischer Gottesdienst gefeiert. Ein Jahr später gründete er einen „Katholischen Verein Tegel“. Es waren überwiegend Arbeiter aus den Borsigwerken in Tegel, aber auch Gefängnisaufseher aus dem nahe gelegenen Zuchthaus Tegel, die zu diesem Verein gehörten. Im Tanzsaal einer Gaststätte wurde dann die erste öffentliche Heilige Messe gefeiert. Das wurde zunehmend als „unwürdig“ empfunden, denn während des Gottesdienstes konnte man von nebenan das Klingen der Biergläser hören!

In ganz Deutschland wurde auf Initiative von Lehrer Jähnert eifrig für ein repräsentatives Gotteshaus in Tegel gesammelt. Und es gelang schließlich: Der schlesische Architekt Hugo Schneider erbaute 1904/05 im neugotischen Backsteinstil das jetzige Gotteshaus. Ein 54 m hoher Turm krönte die Kirche. Ein neugotischer Schnitzaltar und Ausmalungen mit einer Abendmahlsszene und Darstellungen der Kirchenväter schmückten den Innenraum. Neben der Kirche entstand auch ein gemeindeeigenes Wohnhaus mit Büro- und Gemeinderäumen.

Selbständige Pfarrei wurde Herz Jesu erst 1920. 1929 wurde eine Orgel eingebaut, die Lehrer Jähnert noch bis zu seinem Tode 1950 spielte. Er leitete auch einen Kirchenchor.

Die Kirche wurde im 2. Weltkrieg nur leicht beschädigt. Doch mit der liturgischen Umgestaltung nach dem II. Vatikanischen Konzil wurde der Innenraum unter Günter Maiwald und Paul Ohnsorge radikal umgestaltet, „viel zu nüchtern“, wie manche heutige Gemeindemitglieder meinen. Peter Ludwig Kowalski schuf die neuen Fenster.

Unter Pfarrer Klaus Rössner (ab 1977) hatte die Herz-Jesu-Kirche und -Gemeinde über Tegel hinaus in Berlin Bedeutung gewonnen. Sein Pfarrgebiet, so betonte er, sei ja „das flächenmäßig größte in Berlin“ und umfasst auch Tegelort und Konradshöhe. Also führte er in den 80er Jahren zum Fronleichnamsfest die „Schiffsprozessionen“ über den Tegeler See ein: mit einem gemieteten Dampfer, am Bug des Schiffes die Monstranz mit dem Allerheiligsten, auf dem Schiff Gebete und geistliche Gesänge. Ziel war das katholische „Haus Conradshöhe", in dem die Abschlussandacht stattfand.

Der ökumenische Spazierweg durch Tegel sollte nun weiterführen über die Brunowstraße, die verkehrsreiche Berliner Straße und die S-Bahn-Gleise an der Gorkistraße überquerend, nach Neu-Tegel und zum mittlerweile zu Wittenau gehörenden Ortsteil Borsigwalde. Vorbei an der schon erwähnten Hoffnungskirche und an der Evangelisch-Methodistischen Kirche gelangt man nach kurzem Fußweg in diesen Ortsteil.

Borsigwalde sollte eigentlich den Arbeitern und Angestellten der um die Jahrhundertwende neu entstandenen Borsigwerke als Wohnstätte dienen. Geplant war eine Siedlung für 3.000 bis 4.000 Bewohner. Aber weder die Angestellten noch die Arbeiter wollten damals in die totale Abhängigkeit der Borsigwerke geraten. Deshalb zogen kaum Werksangehörige zu, obwohl zu jeder Wohnung damals ein kleiner Garten hinter dem Haus gehörte, wo man Gemüse für den eigenen Bedarf anbauen konnte. Auf dem Hinterhof des Mietshauses Schubartstraße 44 wurden bis in die 90er Jahre noch Kühe und Schweine gehalten und man konnte dort auch frische Milch kaufen. Heute ist dort ein privater „Kinderladen".

Borsigwalde – eigentlich stadtnahe und unweit der großen Industriestätten gelegen – ist bis heute eine fast dörfliche „Insel" geblieben. So sagte es mir der frühere katholische Seelsorger hier, der aus dem Rheinland stammende „Herz-Jesu Priester" Pater Karl Schäfer SCJ. Seine aus seiner rheinischen Heimat stammende Tradition der großen „St.-Martins-Umzüge", mit Pferd und Reiter, mit Musikkapellen und Theaterspiel, etablierte er hier erfolgreich für alle Borsigwalder, ob christlich getauft oder nicht. Der ganze Ortsteil ist am Samstag nach dem Martinsfest am 11. November auf den Beinen. Die lokale und überregionale Presse hat darüber regelmäßig berichtet. „Sankt Martin" wurde für Borsigwalde ein richtiges Volksfest, mit Spielmannszügen der Bundeswehr, mit gebackenen „Martinsgänsen" und vielem mehr.

Die beiden christlichen Kirchen liegen mitten im Ort: die Gnade-Christi-Kirche an der Ecke Tietzstr./Ernststraße, erst 1970 eingeweiht, war ursprünglich eine „Barackenkirche", aus der noch das eindrucksvolle Holzkreuz von Ernst Gustav Jäeger stammt. Es gibt auch eine kleine Andachtskapelle, die „dem Gedächtnis der Toten und Leidenden in den Kriegen und Verfolgungen dieser unserer Zeit" bestimmt ist. Mittelpunkt der Kapelle ist ein in die Mauer eingearbeitetes Sühnekreuz mit einem Corpus

Christi. Erinnert wird hier besonders an den rheinisch-bergischen Glaubenszeugen Adolf Clarenbach (+1529), geboren in Remscheid, gestorben in Köln. Die Hauptstationen dieses Märtyrers geben der Vorhalle durch Skulpturen des Bildhauers Joachim Dunkel und Arbeiten des Malers Karl Oppermann das Gepräge. Die Kreuzigungsgruppe in der Kirche ist auch ein Werk von Joachim Dunkel. Seitlich des Eingangs zu dieser Kirche sind noch Reste eines „Notfriedhofes" aus dem Jahre 1945 zu sehen.

Zwei Querstraßen weiter, in der Räuschstraße, sehen wir dann die katholische Allerheiligenkirche. Auch die katholische Gemeinde entstand bereits zu einer Zeit, als sich hier mit dem Aufbau der Borsigwerke katholische Arbeiter aus dem Rheinland und aus Schlesien ansiedelten. So kamen 1908 die ersten Patres der Ordenskongregation der „Herz-Jesu-Priester" (SCJ) hierher. 30 Jahre später wurde hier eine Gemeinde gegründet, eine Notkapelle errichtet und mit Pater Peter Günster SCJ auch ein erster Seelsorger ernannt. Dank der Unterstützung einer amerikanischen überkonfessionellen (!) Gemeinschaft konnte bald nach dem Zweiten Weltkrieg – am 3. Juli 1955 – eine neue Kirche konsekriert werden. Felix Hinssen hieß der Baumeister. Es wurde ein schönes Gotteshaus. Das Besondere: Im Turm mit seinem halbrunden Aufsatz hängen insgesamt 13 (!) Glocken – ein wunderschönes Glockenspiel! Die Kirche erhielt 1969 einen neuen Altar von Paul Brandenburg, einem Berliner Künstler aus Frohnau, der auch den Ambo und Tabernakel schuf.

Noch etwas Besonderes: Als eine städtische Seniorenfreizeitstätte hier in Borsigwalde aus Kostengründen aufgeben musste, sprang die katholische Kirchengemeinde ein und schuf 1958 das „Altenwerk Borsigwalde", das auch bis heute für die tägliche Ausgabe eines warmen Mittagessen sorgt und bekannt wurde durch zahlreiche Freizeitangebote, die nicht nur für Christen da sind. Ein Gemeindehaus, nicht nur für die „Alten", wurde 1983 erbaut. Übrigens sind die Seelsorger dieser Gemeinde auch tätig am nahe gelegenen städtischen Humboldt-Krankenhaus, in dem es eine von allen Konfessionen genutzte „Christophoruskapelle" gibt. Auch ein gutes ökumenisches Zeichen!

Der ökumenische Rundwanderweg durch Tegel endet wieder am U-Bhf. Holzhauser Straße. Doch einen kleinen Abstecher für die noch nicht „Fußmüden" möchte ich gleichwohl empfehlen. Gehen Sie kurz vor dem U-Bahnhof nach links in die Wittestraße. Nicht weit davon befindet sich ein besonderes Kleinod: der Russisch-orthodoxe Friedhof mit der

1893/94 errichteten und dem hl. Konstantin und der hl. Helena gewidmeten Kapelle. Sie ist das Kleinformat der in Moskau stehenden Basilius-Kathedrale und ist eine Stiftung russischer Kaufleute. Russen gab es auch schon damals um die Jahrhundertwende in Berlin. Es waren überwiegend russische Emigranten, die vor dem lenistisch-stalinistischen System geflohen waren. Das Holztor am Eingang zum Friedhof trägt neun Glocken. Kirche und Friedhof sind bis heute exterritoriales Gebiet. Leider ist diese schöne Kirche mit den blaugefärbten Zwiebeltürmen in der Regel geschlossen – nur zu Gottesdienstzeiten ist sie offen. Denn es war in den letzten Jahrzehnten immer wieder vorgekommen, dass wertvolle Ikonen, z.T. sogar aus dem 17. Jahrhundert, gestohlen wurden. Ein Rundgang über den Friedhof sollte aber dafür entschädigen. Hier finden Sie z.B. die Gräber der beiden bekannten russischen Komponisten Michael Glinka und Alexander Rimsky-Korsakoff, der berühmten Primaballerina an der Berliner Staatsoper, Irina Linewitsch, des Arztes Genadi Menzel und verschiedener Politiker und Militärs aus der Zeit der ersten Revolution vor Lenin. Hier ein russisches Osterfest zu erleben – mit den Rufen „Xristos voskrese“ (Christus ist auferstanden) und dem vielstimmigen Ruf der Gläubigen „Woistiwo voskrese“ (Er ist wahrhaftig auferstanden!), das ist schon ein besonderes christliches Erlebnis!

Route 14:

Der „Heiligensee'sche Blutsweg"

Dieser ökumenische Spazierweg ist etwas ganz Besonderes. Denn er führt auf einen traditionellen Wallfahrtsweg aus dem Mittelalter, der im vergangenen Jahr im Zuge des „Kulturland-Jahr 2005" unter dem Motto: „Der Himmel auf Erden – 1000 Jahre Christentum in Brandenburg" neu entdeckt und kulturhistorisch von Wissenschaftlern erforscht wurde.

Heiligensee im Norden Berlins war eine wichtige Zwischenstation auf dem Weg von Litauen und Polen, von Böhmen und Skandinavien, zu einem der berühmtesten und bedeutendsten Wallfahrtsorte Europas, im Spätmittelalter gleichbedeutend mit Rom, Santiago de Compostella, Aachen und Jerusalem: zum „Heiligen Blut" nach Wilsnack in der Prignitz. Von Heiligensee aus war allerdings noch eine 130 km lange Strecke zu Fuß zurückzulegen. Die Wallfahrer, die von Berlin aus durch das Spandauer Tor, die Chausseestraße entlang, dann über Wedding und durch das Waldgebiet der Jungfernheide weiter in Richtung Tegel liefen, sind dann durch den Tegeler Forst – über den so genannten Mühlenweg – nach Heiligensee gelangt. In der Dorfkirche feierten sie eine Heilige Messe und übernachteten hier auch, ehe sie dann mit einer Fähre über die Havel nach Niederneuendorf übersetzten und dann schnurstracks weiter liefen in Richtung Bötzow und durch das Waldgebiet des „Krämers" über 19 Kilometer nach Flatow. Der „Heiligensee'sche Blutsweg" war äußerst beliebt. Und er wird jetzt wieder neu touristisch erschlossen. Der Verein „Kulturland Brandenburg e.V." hat 2005 eine kleine Broschüre über diesen Wallfahrtsweg mit Beschreibungen der Route in Wort und Bild erstellt. Das „Wilsnack-Laufen" scheint, ähnlich wie der „Jakobs-Weg" nach Santiago de Compostella in Spanien, nicht nur bei Christen an Attraktivität zu gewinnen.

Von Schulzendorf nach Heiligensee

Unser ökumenischer Weg beginnt am S-Bhf. Schulzendorf (S 25 Richtung Hennigsdorf) und führt links hinein in die Schulzendorfer Straße. Schulzendorf ist eigentlich gar kein Dorf. Es gibt an der Ruppiner Chaussee eine Ausflugsgaststätte mit dem schönen Namen „Sommerlust", übrigens schon seit über 200 Jahren! Am Anfang standen hier zwei Tagelöhnerhäuser, die der Forstsekretär Schulze (daher der Name!) 1752 erbauen ließ, um so Arbeitskräfte für seinen Teerofen in die Waldeinsamkeit zu locken. 1772 ist die kleine Arbeiterkolonie mit dem „Krug" vollendet. Nach Schulzes Tod übernimmt seine resolute Witwe den Teerofen und den benachbarten Krug zur Pacht. Sie heiratet den Holzschreiber Wiesel, der ihr an Unternehmungsgeist nicht nachsteht. Er erreicht bei den Behörden, dass seiner Frau alle bisher gepachteten Besitzungen als „Gut Schulzendorf" in Erbpacht gegeben werden. So kann man es in dem Buch von Gerd Koischwitz („Sechs Dörfer in Sumpf und Sand – Geschichte des Bezirks Reinickendorf von Berlin, Verlag Wilhelm Möller, o.J.) nachlesen. Koischwitz ist als Heimatforscher Reinickendorfs auch in der Route 13 dieses Buches zitiert.

Unser Weg führt nun die Schulzendorfer Straße entlang in Richtung Heiligensee. Vieles wurde hier neu gebaut, manche Villen und Häuser sehr schön erneuert. Doch schauen Sie genau hin, werden Sie auch Protestplakate sehen. Die Anwohner protestieren gegen den Ausbau dieser Straße, denn das würde ihre Ruhe und Idylle hier stören. Es ist übrigens nicht die erste „Bürgerinitiative" hier. Schon in den 80er Jahren, als es noch die „Insel West-Berlin" gab, wollte der damalige Berliner Senat auf den 50 Hektar großen Heiligenseer Feldern endlich Städtebau nach der damaligen „Bereichsentwicklungsplanung" verwirklichen, ähnlich wie im Märkischen Viertel, in der Gropiusstadt oder in Spandau an der Heerstraße-Nord. Auch ein Großkraftwerk in Spandau-Hakenfelde war geplant. Doch das konnte Gott sei Dank verhindert werden. Der ländliche Raum in West-Berlin schrumpfte immer mehr. Von 3.704 ha im Jahre 1958 auf 1.060 ha im Jahre 1989. Die Heiligenseer Felder blieben erhalten, wie Sie auf dem weiteren Verlauf dieses Weges auf der linken Seite sehen können. Bevor wir aber das alte Dorf Heiligensee erreichen, möchte ich aber auf zwei Kirchen an dieser Schulzendorfer Straße aufmerksam machen: Auf der linken Seite, Schulzendorfer Straße 19, sehen wir zunächst das Gemeindehaus der Evangelischen Gemeinde „Matthias Claudius". 1957 wurde die Gemeinde von der Dorfgemeinde Alt-Heiligensee abgezweigt und selbständig. Schon in den 30er Jahren gab es hier eine kleine Kapelle, 1938 eingeweiht. Gemeinde- und Büroräume waren hier untergebracht. Nach dem 2. Weltkrieg – 1964 – wurde diese Kapelle erweitert und ein Glockenturm errichtet – mit insgesamt drei Glocken. Sehenswert in der Kirche sind noch zwei Skulpturen von Armin Luda: ein holzgeschnitzter „Segnender Christus" und die Gruppe „Hoffende und Trauernde" als „Gedenkstätte für unerreichbare Gräber" im Vorgarten.

Auf dem weiteren Weg, Schulzendorfer Straße 74-76, sieht man rechts eine weitere Kirche – im 1936 Dorfkirchenstil erbaut. Es ist die katholische Kirche St. Marien, geweiht der „Maternitas Beatae Mariae Virginis", also der „Mutterschaft der Seligen Jungfrau Mariens". Papst Pius XI. hatte 1931 anlässlich der 1.500 Jahr-Feier des Konzils von Ephesus das Fest der „Mutterschaft Mariens" eingeführt. Nach diesem Fest wurde diese Kirche benannt. Architekt war der damals bekannte Diözesanbaurat Carl Kühn, der schon vorher in Spandau (Wilhelmstadt) und Falkensee ähnliche Gotteshäuser nach gleichem Muster errichtete.

Diese Kirche hier in Heiligensee hat vor allem in den 70er und 80er Jahren eine besondere Geschichte erlebt. Denn hier wirkte ein Pfarrer und Seelsorger, der 1975 auch für die Umgestaltung dieses Gotteshauses sorgte und sicher in seiner Zeit als Gemeindepfarrer prägend für die Gemeindegeschichte war: Johannes Fasbender. Der frühere Leiter des Katholischen Bildungswerks Berlin und Dozent für Dogmatik an der Theologisch-Pädagogischen Akademie Berlin war offen nicht nur für andere Konfessionen, sondern auch für andere Religionen – wie zum Beispiel den Buddhismus. Schon in seiner Zeit an der Akademie bot er Kurse für „Theorie und Praxis der Meditation", und „autogenes Training nach der Zen-Meditationslehre" an. Man hatte ihn deswegen im Bistum Berlin auch angefeindet und über ihn gelästert, „hinter seinem Tabernakel hat er sicher eine Buddha-Statue versteckt". Doch Pfarrer Fasbender ließ sich dadurch nicht erschüttern, mögen auch manche seine Versetzung aus dem Zentrum der katholischen Kirche in Berlin hierher hinaus nach Heiligensee als „Strafversetzung" empfunden haben. Heiligensees katholische Gemeinde blühte unter seiner Leitung ungeahnt auf. Er setzte neue geistliche Impulse, auch in Bezug auf die Ökumene. Zwei Kindergruppen, ein offener Jugendkreis, Kirchenchor und Instrumentalensemble, eine

Theatergruppe, Miniclub und Seniorengruppe, natürlich auch Meditationskreis und – damals revolutionär – nach jedem Sonntagsgottesdienst ein „Gespräch über die Predigt". Gemeinsam mit der evangelischen Dorfkirchen-Gemeinde baute Pfarrer Fasbender eine Hilfsaktion und Partnerschaft mit einer polnischen Gemeinde (St.Mikolaja in Skwierzina, früher Schwiebus) auf.

Als Pfarrer Fasbender dann 1987 in den Ruhestand trat – er lebt heute in Medebach im Sauerland und ist 84 Jahre alt – flossen nicht nur in der katholischen, sondern auch in der evangelischen Gemeinde von Heiligensee die Tränen. Denn was ist heute aus der einstmals so lebendigen katholischen Gemeinde geworden? Wie Sie sich überzeugen können: ein totes Grundstück. Kein Pfarrer oder Küster wohnt hier mehr. Die Kirche ist verschlossen, nur zu den Sonntagsgottesdiensten geöffnet. Der Tegeler Pfarrer ist heute auch zuständig für Heiligensee.

Alt-Heiligensee

Nun gelangen wir endlich in das alte Angerdorf Heiligensee, einen Ort mit vielen Sagen und Geschichten. Der schon erwähnte Heimatforscher Gerd Koischwitz hat viele davon niedergeschrieben. Erste Urkunden nennen den Ort „Hylligensee". Es gibt eine urkundliche Erwähnung aus dem Jahre 1313. Darin wird ein Ritter Johann von Bredow erwähnt, der aus den Einnahmen der Fähre Abgaben an die Spandauer „Kalandsbruderschaft", eine Bruderschaft von Priestern und Laien, erbringen sollte. Die Kalandsbrüder waren im Mittelalter so etwas wie heute die Caritas oder Diakonie. Sie unterstützte Arme und Sterbende, die kein Geld für die Beerdigung hatten. Für sie organisierten sie eine kostenlose und würdige Bestattung. Wie ich oft schon bei Vorträgen und Wanderungen betonte: Man darf nicht immer nur vom „finsteren" Mittelalter sprechen! (Siehe auch: Route 3)

Im Landbuch 1375 Kaiser Karls IV. wird Heiligensee als Ort mit 61 Hufen erwähnt. 1403 verlor die Familie derer von Bredow das Recht, die Fähre von Heiligensee nach Nieder Neuendorf zu betreiben, weil sie im Vorjahr damit die Flucht des angeblichen „Raubritters" Dietrich von Quitzow ermöglicht hatte.

Es gibt viele schöne Geschichten und Sagen, manche traurig, manche amüsant. Vor allem die Sagen und Legenden um den Heiligen See. Keiner weiß zum Beispiel um die Herkunft des Namens „Heiligensee".

Mein Tipp: Laufen Sie doch einmal an einem sonnigen Herbsttag zum Heiligen See hinunter, wenn die gelben Blätter so langsam zu Boden fallen, wenn das Sonnenlicht auf der Fläche des Sees glitzert – übrigens einer der saubersten Seen Berlins – und nehmen Sie sich etwas Zeit, halten Sie inne und schauen Sie auf die Wasserfläche!

Dort soll nämlich mal ein Dorf versunken sein, mitsamt Kirche und Glocken. Und dann hören Sie die Sage:

Tief auf dem Grunde des Heiligen Sees liegen Glocken. Vor alter Zeit sind sie versunken. Zuweilen kommen sie aber zum Vorschein. Man sieht sie dann meistens mitten im See auf einer flachen Stelle liegen. Dort wärmen sie sich im Strahle der Mittagssonne. Einige Leute hörten sie auch sprechen. Es war gerade am Johannistag. Sie kamen aus dem See heraus, und die eine sagte zu der anderen: „Anne Susanne Wiste mett to Lanne?" (=Willst du mit an Land). Darauf antwortete die andere „Nimmermeh". Dann sanken sie, nachdem sie noch einmal angeschlagen hatten, wieder in die Tiefe.

Heiligensee ist immer schon ein kleines Fischerdorf gewesen. Zwischen 2000 vor Christus und etwa 300 nach Christus siedelten hier noch die germanischen Semnonen. Man hat am Ufersand der Havel viele Reste aus jener Zeit gefunden: Beile, Steinmesser, Lanzenspitzen, Urnen u.a. Dann kamen die slawischen Wenden ins Land. Auch sie brachten ihre Kultur und Tradition mit. Deutsche Bauern aus dem Westen des Reiches folgten im 12. Jahrhundert.

Das linsenförmige Angerdorf Heiligensee wird in der Mitte geprägt durch zwei Gebäude: die alte historische Schmiede (Koischwitz meint, die Ursprünge stammen aus dem Jahre 1591!) und die Dorfkirche.

Der Turm deutet eher auf das 18. Jahrhundert, also auf die Barockzeit hin – doch Archäologen und Kunsthistoriker sind sich einig: Hier stand bereits im 15. Jahrhundert eine Kirche, die auch als Wallfahrtskirche benutzt wurde. Da sind wir wieder beim „Heilgensee'schen Blutsweg". Quellen belegen, dass Heiligensee aber auch selber ein Wallfahrtsort war. In einer Chronik der „Chur- und Mark Brandenburg" von 1751 wird es so beschrieben: „Der Heiligen See bei dem Dorfe Heiligensee soll alle 100 Jahr mit einem silbernen Heiligen eingeweihet werden, und das Wasser weit und breit sein abgeholet werden."

Da haben wir's! Heiligensee war selbst ein Wallfahrtsort, nicht nur Durchgangsort nach Wilsnack! Schauen wir uns die Kirche von außen an. Da gibt es an der Rückwand der Apsis eine kleine Nische. Dort soll angeblich jene silberne Heiligenfigur gestanden haben, die im Wasser des Heiligen Sees getränkt wurde. Es gibt Historiker, die das bezweifeln, die meinen, das sei nur ein zugemauerter Nebeneingang gewesen, vielleicht zu einer Gruft. Walter C. Türck schrieb aber in seinem Buch („Die Dorfkirchen von Berlin", Evangelische Verlagsanstalt Berlin 1948): „Die gotische Nische in Heiligensee nahm der Sage nach ein wundertätiges Bild auf." Auch Türck verweist auf den „Heiligen Blutsweg", die Pilgerstraße nach Wilsnack.

Der Turm der Dorfkirche wurde in seiner jetzigen Gestalt 1707 bis 1713 neu errichtet. Die alten Glocken – noch aus katholischer Zeit – trugen den Namen der Heiligen Drei Könige: Caspar, Melchior und Balthasar. Im Innern der Dorfkirche fällt der Blick zunächst einmal auf den barocken Kanzelaltar, wie man ihn in vielen brandenburgischen Dorfkirchen findet. Doch mir persönlich gefallen viel mehr die Emporen mit einer Bauernmalerei aus den Jahren 1936/37. Sie stellen das Vaterunser mit seinen einzelnen Bitten dar. Wir alle, die wir von Jesus Christus dieses Gebet an seinen unseren Vater gelehrt bekamen, können das hier in jedem Bild, in jeder Bitte nachvollziehen. (Siehe Einleitung zu diesem Buch)

Nicht sichtbar ist eine Messing-Taufschale – auch noch aus katholischer Zeit, aus dem Anfang des 16. Jahrhunderts. Die Gottesmutter Maria ist mit dem Jesuskind, auf einer Mondsichel stehend, eindrucksvoll dargestellt. Die Taufschale wurde der Dorfkirchengemeinde 1647 gestiftet und wird bis heute genutzt.

Die Chronik der Heiligenseer Dorfkirchengemeinde ist Ende der 70er-Anfang der 80er Jahre in vier kleinen Bänden unter dem damaligen Pfarrer Gerhard Kühn in volkstümlicher Art erschienen. Eine kleine Geschichte, eigentlich eine tragische, aus der Zeit Anfang des 17. Jahrhunderts, möchte ich daraus zitieren. Es war die Zeit, als auch in Heiligensee die Pest herrschte. Die Heiligenseer waren sehr verunsichert. Selbst die Pfarrer hatten große Angst vor der Seuche. Der Pfarrer weigerte sich z.B. 1607, des Fährmanns Kinder und die Pesttoten des Teerbrenners auf dem Friedhof der Kirche zu beerdigen und den Schwerkranken verweigerte er die Sakramente. Schlimmer noch: Er flüchtete sich in den Alkohol. „Im Heiligenseer Krug gab es viel Saufen und Lärmen, und der Pfarrer hat mehrerenteils mitgesoffen … Und dem Wirt schuldete er acht Taler für Bier."

Die Pestzeit hatte also aus dem Pfarrer einen Säufer gemacht. Das gab es auch, und das gibt es leider bis heute!

Noch etwas zur Umgebung der Dorfkirche: Hier sieht man noch zwei alte Maulbeerbäume. Sie gehen auf eine Initiative der preußischen Könige zurück, die von den Seideneinfuhren aus anderen Ländern unabhängig werden wollten und besonders die evangelischen Kirchengemeinden anwiesen, diese Bäume zwecks Seidenraupenzucht anzupflanzen.

Fährstraße und ehemalige Fähre nach Nieder Neuendorf

Ein kleiner Abstecher lohnt vielleicht noch – die Fährstraße hinunter. Denn diese Fähre war seit altersher eine wichtige Verbindung im wegearmen Havelland. Sie gehörte dem Heilig-Geist-Spital zu Spandau und wurde 1313 erstmals urkundlich erwähnt. Die schon erwähnten Bredows zahlten für die Fähre beträchtliche Abgaben, woraus sich auf hohe Einnahmen aus Fährgeldern schließen lässt. Vor allem die vielen Pilger nach Wilsnack benutzten diese Fähre, und das war eine nicht geringe Einnahmequelle.

Etwas zum Namen „Giersfähre". Sie wurde nämlich wahrscheinlich an einer Kette entlang der Strömung (genauer: entgegen der Strömung) über die Havel geführt. „Gieren" bedeutet soviel wie „nicht auf Kurs halten". 1506 verlor die Heiligenseer Fähre an Bedeutung, weil in Hennigsdorf eine Brücke über die Havel gebaut wurde („Neubrück"). Noch bis 1650 benutzten aber die Postkutschen die alte Straße über Heiligensee. Dann war Schluss. Die alte Wagenfähre wurde spätestens 1766 eingestellt. Und im Zuge der Teilung Deutschlands und der Abkapselung von Berlin(-West) 1951 auch die Personenfähre.

Es gibt in Heiligensee zwei Möglichkeiten, den ökumenischen Spazierweg zu beenden: Entweder mit dem Bus nach Tegel zurück, oder ein Stück Weg über die Hennigsdorfer Straße bis zum S-Bhf. Heiligensee.

Route 15:

Von Pankow nach Niederschönhausen („wo die Hohen schön hausen")

Einführung:

Pankow ist ein Berliner Bezirk – mittlerweile mit Weißensee vereint, der bei Berlinern, vor allem in den Gebieten der westlichen Bezirke, und auch bei den „Zugereisten", bei den ehemals Bonner Regierungsbeamten, immer noch gemischte Gefühle auslöst. Pankow ist einerseits ein beliebtes Ausflugsziel der Berliner gewesen, oft genug besungen, wie in dem Lied „Komm, Karlineken, komm Karlineken komm. Wir wolln nach Pankow jehn. Da is'et wundascheen ...", oder – vielleicht noch bekannter – im Lied vom „Bolle", dessen Ziel Pankow war, wo er seinen Jüngsten „janz plötzlich im Jewühl ..." verlor und sich anschließend bei einer „Keilerei in der Schönholzer Heide" auch noch verletzte. Berlins beliebtester Fluss war ja eigentlich gar nicht die Spree oder die Havel – nein die Panke war's, nach deren Namen ja der Ort erst „Pankow" genannt wurde. „Das Paradies liegt an der Panke", dichtete ein Berliner Dichter. Ein anderer, ich glaube es war Adolf Glassbrenner, schrieb über die Panke:

> „Was seid ihr, Wolga, Donau oder Theiß,
> Missouri, Weichsel, Nil und Ganges?
> Was man von Euch zu sagen weiß,
> ist nur was Breites und was Langes"

Das ist die eine Seite von Pankow mit seiner Panke. Die andere Seite hat etwas mit der deutschen Nachkriegsgeschichte zu tun, mit den Folgen des 2. Weltkriegs und der Teilung unserer Stadt und unseres Landes. Pankow war der Inbegriff des DDR-Regimes, denn dort residierten Staatspräsident Wilhelm Pieck und die ganze DDR-Parteispitze, auch Walter Ulbricht und Otto Grothewohl. Hier im Schloss Niederschönhausen war der Amtssitz der DDR-Regierung und die Umgebung war eben die Gegend, „wo die Hohen schön hausen". (Bundeskanzler Konrad Adenauer übrigens sprach in seiner Art stets nur von „Pankoff", wenn er den sich in der Mitte Deutschland etablierten Staat meinte.)

Dennoch, gerade hier kann man auch „Ökumene pur" erleben und deshalb habe ich Pankow mit Niederschönhausen auch als Schlusspunkt meiner Spaziergänge ausgewählt. Von Berlin-Mitte nach Pankow – das ist der Bogen, der nicht nur politische, sondern auch kirchliche Bedeutung hat.

Ökumenischer Spaziergang durch Pankow:

Unser Spaziergang beginnt am S-Bhf. Wollankstraße. Zur Zeit der Mauer war dieser Bahnhof ein „Unikum". Er gehörte zu Ost-Berlin, hatte aber nur einen Ausgang Richtung Westen. Pankower konnten ihn nicht benutzen. Der Straßenzug hieß ursprünglich (ab 1876) Prinzenstraße und wurde erst 1883 nach dem ehemaligen Gutsbesitzer und ersten Pankower Amtsvorsteher Adolf Friedrich Wollank benannt. Zwischen dem Bahndamm und den ersten Häusern auf Pankower Seite sieht man ja noch immer den ehemaligen Grenzstreifen. Gehen wir nun die Wollankstraße weiter in Richtung Pankow-Zentrum, sehen wir links – kaum wahrnehmbar – das Grundstück des Pankower Franziskanerklosters. Es ist die Nr. 19 der Wollankstraße. 1921 kamen die ersten Franziskanerpatres nach der Reformation wieder hierher nach Berlin. Wie im ersten Kapitel dieses Buches erwähnt, gab es Franziskaner bereits vor über 750 Jahren in Berlin. Das so genannte „Graue Kloster" unweit des Alexanderplatzes erinnert an sie. Die heutigen Franziskaner in Pankow übernahmen vielfältige seelsorgliche Aufgaben. Ein Schwerpunkt ist bis heute die tätige Fürsorge für die Ärmsten unserer Gesellschaft. Not und Elend gibt es eben auch heute in der so genannten „Sozialen Marktwirtschaft"! Die Franziskaner errichteten bereits 1990 hier eine „Suppenküche", in der sie Obdachlose und andere in Not geratene Menschen mit einer warmen Mahlzeit versorgen.

Es gibt hier auch Schwestern dieser Ordensgemeinschaft. Eine von ihnen hat vor geraumer Zeit auch Schlagzeilen in den Medien gemacht: Schwester Monika, die außerhalb Berlins, in Schönow Kreis Barnim, ein Heim für ausgesetzte und „ungeliebte" ! Kinder eröffnete.

Pankow-Mitte

Etwas zur Geschichte dieses kleinen Angerdorfs Pankow: Im Jahre 1230 wird es erstmals urkundlich erwähnt, also schon viele Jahrzehnte vor Berlin. Doch es war ein kleines Dorf. Noch 1840 hatte Pankow gerade mal 779 Einwohner. 14 Jahre später erreichte ein erster Pferde-Omnibus diesen Ort. So richtig begann die Entwicklung Pankows erst um die Jahrhundertwende 19./20. Jh., z.B. durch die Zigarettenfabrik Harbaty und die Schultheiss-Brauerei sowie die Papiermühle. Ab 1887 folgten die großen Mietshäuser (mit bis zu fünf Stockwerken) und 1901/02 wurde das imposante Rathaus im Jugendstil erbaut. Pankow war nun – wie Charlottenburg – eine kleine Stadt mit immerhin 57.953 Einwohnern und wurde schließlich 1920 nach Groß-Berlin eingemeindet.

Bevor wir uns nun der alten Dorfkirche zuwenden, noch ein Hinweis auf den Bürgerpark, den man auf der linken Seite kurz vor dem Rathaus sehen kann. Es war der beliebte Pankower Bürgermeister Wilhelm Kuhr, nach dem auch eine Straße benannt ist, der dieses Terrain vor Bodenspekulanten retten konnte und es als Bürgerpark den Pankowern zur Verfügung stellte. Der Gartenbauarchitekt Perring hatte diese schöne Anlage gestaltet. Auch das schöne Eingangstor im Stil eines italienischen Triumphbogens wurde damals errichtet. Wenn man in den Park hineinläuft, sieht man am Ufer der Panke einen kleinen Pavillon. Dort stand einst eine Wassermühle, 1527 erstmals urkundlich erwähnt. Im 19. Jahrhundert wurde sie durch eine Papiermühle ersetzt. Der kleine Gemeindefriedhof neben dem Park strahlt auch eine ruhige, beschauliche Atmosphäre aus. Das kleine Mausoleum direkt an der Straße erinnert an „Killisch von Horn", eine ziemlich umstrittene Persönlichkeit seiner Zeit. Seinen Adelstitel hatte er in San Marino erkauft. Er war Besitzer der „Berliner Börsenzeitung" und hatte das Areal hier für 20.000 Taler gekauft. Der rechtschaffene Bürgermeister Kuhr hatte dessen Machenschaften erkannt und war schneller: Wie schon erwähnt kaufte er das Gelände zur Einrichtung dieses Bürgerparks.

Unser Weg führt nun geradewegs am Rathaus vorbei zum alten Dorfanger von Pankow, um nun die alte Dorfkirche zu besuchen. Sie hat schon einen eher städtischen Charakter und heißt seit 1859 offiziell die „Kirche zu den Vier Evangelisten". Die Ursprünge der jetzigen Kirche gehen bis ins 15. Jahrhundert zurück. Damals war sie noch ein rechteckiger Saalbau aus Feldsteinen. Man kann das noch im Chorraum sehen, der aus jener Zeit stammt – wie auch das alte gotische Sternrippengewölbe. Nun, 1832 war eine Restaurierung fällig, an der auch der berühmte Karl-Friedrich Schinkel beteiligt war. Dabei wurden vor allem die Fenster an der Ostseite vergrößert. Die entscheidendste Veränderung geschah 1858/59 unter Friedrich-August Stüler, einem berühmten Schüler Schinkels. Er war ja in jener Zeit der wichtigste Kirchenbaumeister. Hier in Pankow war die Christenzahl noch gar nicht so hoch. Insgesamt lebten hier gerade mal 1.603 Einwohner. Stüler entwarf die beiden Glockentürme und schuf die gesamte Westfassade mit den drei Giebeln und der Rosette. 1908 kam auch die Westvorhalle mit den Kirchsälen links und rechts dazu. Die beiden achteckigen Türme wurden im 2. Weltkrieg beschädigt und wurden nach dem Krieg auf 20 Meter verkürzt.

Im Innern der Dorfkirche sieht man sofort diese Zweiteilung zwischen mittelalterlichem Chorraum und dem Stüler'schen Anbau. Kanzel und Taufe sind noch aus seiner Zeit. Doch ansonsten wirkt der Innenraum eher nüchtern und modern. Das Altarkreuz stammt von Herbert Reinhold aus dem Jahre 1972, ebenso Ambo und Leuchter, die farbigen Altarfenster von Inge Pape (1959), die Orgel der Fa. Jehmlich aus Dresden ebenfalls von 1972. Bemerkenswert in der Pankower Dorfkirche ist aber unter der Orgelempore das „Nagelkreuz von Coventry" von 1964, das die Zugehörigkeit der Pankower Gemeinde zur weltweiten „Nagelkreuzgemeinde" bezeugt, eine überkonfessionelle Gemeinschaft von Christen, die sich für Frieden und gegen jegliche Ausübung von Gewalt aussprechen. Die Kathedrale von Coventry wurde bekanntlich im 2.Weltkrieg von deutschen Nazi-Bombern zerstört, wie wenige Zeit später Dresden durch britische Bomber.

Auf dem Weg nach Niederschönhausen:

Nach dem Besuch der Dorfkirche laufen wir nun geradewegs in Richtung Norden in die Ossietzky-Straße hinein. Seit 1948 heißt die ehemalige

Schlossstraße so. Sie erinnert an einen interessanten Mann: Carl von Ossietzky. Er war kein Kommunist. (Man hatte ihn zu DDR-Zeiten gern vereinnahmt). Er war aber auch kein Christ. Er war aber Pazifist – von Beruf Chefredakteur der Kulturzeitschrift „Weltbühne" in den 20er und 30er Jahren – und er wohnte hier in Pankow. Schon 1935 wurde er von den Nazis verhaftet und danach in mehreren Konzentrationslagern misshandelt. 1938 erhielt er den Friedensnobelpreis, den er aber wegen seiner KZ-Haft – nicht persönlich in Empfang nehmen durfte. Die Nazis entließen ihn zwar auf Druck der Weltöffentlichkeit, doch für die Reise nach Stockholm war er durch die Misshandlungen zu geschwächt. Er starb hier im Krankenhaus Nordend und wurde auf dem Friedhof an der Buchholzer Straße beigesetzt. Anlässlich seines 100. Geburtstages 1989 schuf der Bildhauer Klaus Simon eine nachdenkliche Statue hier an der Ossietzy-Straße. Da sitzt der Schriftsteller und Publizist in seiner typischen Haltung und seinem typischen Ausspruch: „Von mir ist weiter nichts zu sagen".

Über das Schloss Niederschönhausen möchte ich hier in diesem Buch keine kunsthistorische Abhandlung schreiben, denn die Diskussion um die zukünftige Sanierung und Nutzung ist ja noch in vollem Gange. Nur eine Geschichte, die uns Christen nachdenklich stimmen sollte:

Das Schloss Niederschönhausen erlebte neues Leben in der Zeit des preußischen Königs Friedrich II., den man allgemein als „den Großen" bezeichnet. Dieser berühmte Preußenkönig war aber eigentlich gar nicht so „groß" und hatte auch seine Schattenseiten. Und in Zusammenhang mit diesem Schloss Niederschönhausen sollte das auch erwähnt werden.

Der Vater des späteren „Alten Fritz", König Friedrich Wilhelm I., hatte nämlich seinem Sohn eine Ehefrau diktiert, die spätere Königin Elisabeth Christine, eine fromme und wohltätige Frau. Sicher keine Schönheit und erst recht nicht nach dem Geschmack des jungen Friedrich. Er mochte sie absolut nicht und schob sie schon 1740 hierher ins Schloss Schönhausen ab! Das Schloss wurde für sie zwar hübsch ausgestattet, mit Rokoko-Dekorationen und einem gepflegten französischen Park. Man sagt, sie habe nie Schloss Sanssouci gesehen. Was sie dabei empfunden haben mochte, ist ja nie in die offiziellen Chroniken eingegangen ... Nun, hier in Niederschönhausen war sie aber nicht passiv und resigniert. Sie gründete die Siedlung Schönholz, ließ Leineweber ansiedeln, Maulbeerplantagen anpflanzen, eine Schule erbauen – eine der ersten Taubstummenschulen Deutschlands – machte einen Arzt und Chirurgen ansässig und soll sogar verschiedene

Ehen gestiftet haben, obwohl sie ja selbst in solch einer unglücklichen Ehe lebte. Königin Elisabeth Christine von Preußen, die Herrin von Schloss Niederschönhausen, ist eigentlich eine tragische Gestalt im Schatten von ihrem Ehemann Friedrich „dem Großen" gewesen. Er ging in die Geschichte ein, als Freund der Aufklärung und des Philosophen Voltaire. Die fromme Christin Elisabeth Christine ist heute fast vergessen.

Vom Schloss über die Dietzgenstraße erreichen wir wieder das pulsierende Leben von Niederschönhausen und sehen linker Hand wieder eine Kirche. Es ist die evangelische Friedenskirche, die auf Resten einer mittelalterlichen Feldsteinkirche erbaut ist. 1359 wird die Kirche (und damit das Dorf Niederschönhausen) erstmals urkundlich erwähnt. In der Westhälfte der Kirche mit dem Chor kann man noch die Reste der alten Kirche erkennen. Doch 1872 entstand der jetzige Bau mit dem achteckigen Turm im neoromanischen Stil. Auch dieses Gotteshaus litt im 2.Weltkrieg durch zahlreiche Zerstörungen, wurde aber schon zu DDR-Zeiten sorgfältig rekonstruiert und saniert. Im Innern ist ein Wandbild vom „Abendmahl" in Sgraffitotechnik des Künstlers Ludwig Mannewitz bemerkenswert.

Niederschönhausen hat tatsächlich als Villenvorort einiges Interessante und Grüne zu bieten. Zum Beispiel rechts der Dietzgenstraße den gepflegten Brosepark, links ein Haus im Schweizer Baustil und ein Stück weit hinein in die Platanenstraße die katholische St. Maria-Magdalenen-Kirche.

Diese Kirche in der Platanenstraße 22 ist nicht nur wegen ihres expressionistischen Baustils und ihrem wuchtigen, querrechteckigen Turm sehenswert. Der Weg hierher lohnt sich auch wegen der Gemeinde und auch wegen einer geschichtlichen Persönlichkeit, die hier als Pfarrer wirkte: Joseph Lenzel (1929 bis zu seiner Verhaftung 1942 war dieser engagierte Priester und Seelsorger hier). Ein Gedenkstein vor der Kirche erinnert an ihn. Jedes Jahr an seinem Todestag am 3. Juli pilgern Mitglieder der Kolpingsfamilien aus dem ganzen Erzbistum Berlin hierher und feiern einen Gedenkgottesdienst. Lenzel war nämlich als Kaplan in Pankow auch der Gründer dieser an Adolph Kolping erinnernden, mittlerweile weltweiten sozialen Bewegung. Was war sein „Verbrechen"? Er hatte hier in Niederschönhausen auch Gottesdienste für polnische Zwangsarbeiter gefeiert. Etwas, was absolut verboten, ja strafwürdig war. Am 7. Januar 1942 wurde Pfarrer Lenzel verhaftet. Er starb am 3. Juli 1942 im KZ Dachau.

Die Kirche, 1929/30 von Felix Sturm erbaut, hat natürlich auch ihre eigene Atmosphäre. Sie wirkt irgendwie eigenartig und zunächst einmal auch befremdend. Auch die Umgestaltung des Altarraumes fand und findet noch nicht so die rechte Zustimmung der Gemeinde. Man muss sich in diesen Raum erst langsam und bedächtig hineingewöhnen. Über dem Eingang der Kirche ist aber ein sehr schönes und einprägsames Relief von W. Halbhuber, das diese Begegnung Maria Magdalenas mit dem auferstandenen Jesus Christus zeigt.

Hier an dieser Kirche sollte der Spaziergang durch Pankow-Niederschönhausen enden. Wenige Meter nach rechts, zur Friedrich-Engels-Straße, erreicht man Straßenbahn und Bus.

Literaturhinweise

Allgemeine Literatur (Auswahl):

Sonderausgabe HB-Bildatlas Berlin – 750 Jahre Kirchen und Klöster. Hrsg. Von Wilhelm Dittmann, Georg von Glowczewski, Frank Pauli, Manfred Richter und Reinhard Stawinski. Hamburg 1987.

Gebhard Streicher/Erika Drave: Berlin – Stadt und Kirche. Morus-Verlag Berlin 1980.

Matthias Hoffmann-Tauschwitz/Harry C. Suchland: Alte Kirchen in Berlin. 33 Besuche bei den ältesten Kirchen im Westteil der Stadt. Wichern-Verlag Berlin, 1986.

Dgl.: Wege zu Berliner Kirchen. Wichern-Verlag, Berlin, 1987.

Matthias Hoffmann-Tauschwitz / Christine Goetz (Hrsg.): Kirchen Berlin Potsdam. (Ein Führer zu den Kirchen in Berlin und Potsdam – aus Anlass des Ökumenischen Kirchentages 2003. Wichern-Verlag/Morus-Verlag 2003.

Frank Pauli: Berliner Kirchgänge. 80 Reportagen. Wichern-Verlag, Berlin 1995.

Dgl.: Kirchtürme. Streiflichter aus dem evangelischen Berlin. Berlin, 1977.

Staatliche Museen Preußischer Kulturbesitz (Hrsg.): Berlin im Mittelalter. Ausstellungskatalog 1987 anlässlich des 750-jährigen Jubiläums der Stadt Berlin.

Adriaan von Müller: Die Archäologie Berlins. Von der Eiszeit bis zur mittelalterlichen Stadt. Bergisch-Gladbach (Verlag Lübbe), 1986.

Kaspar Elm/Hans-Dietrich Loock (Hrsg.) : Seelsorge und Diakonie in Berlin. Verlag Walter de Gruyter, Berlin 1990.

Günther Kühne / Elisabeth Stephani: Evangelische Kirchen in Berlin. C.Z.V.-Verlag Berlin, 1978.

Josef Mörsdorf: Kirchliches Leben im alten Berlin. Morus-Verlag, Berlin 1962.

Dr. Carl Sonnenschein: Notizen. Ausgewählt und eingeleitet von Ernst Thrasolt. Germania-Verlag Berlin, 1935.

Dr. Carl Sonnenschein: Sonntagswanderungen. Erlebnisse und Entdeckungen in der Diaspora. St. Benno-Verlag, Leipzig, 1987.

Walter C. Türck: Die Dorfkirchen Berlins. Ev. Verlagsanstalt Berlin, 1948.

Kurt Pomplun: Berlins alte Dorfkirchen. Verlag Bruno Hessling, Berlin, 1976.

Kath. Bildungswerk Berlin (Hrsg.): Dokumentation 1/1986 „Dorfkirchen im Süden Berlins", Veranstaltungsreihe mit Georg von Glowczewski.

Christel Wollmann-Fiedler / Jan Feustel: Alte Dorfkirchen in Berlin. Berlin-Edition 2001.

Hans-Jürgen Rach: Die Dörfer in Berlin. Ein Handbuch der ehemaligen Landgemeinden im Stadtgebiet von Berlin. Stapp-Verlag, Berlin, 1988.

Pressestelle des Erzbistums Berlin (Hrsg.): Reihe „Katholische Kirche in ..." Insg. 7 Hefte, zusammengestellt von Matthias Brühe, Hennigsdorf, darunter „Innenstadt Berlins", „Westen und Süden Berlins", „Norden und Osten Berlins" u.a. , Berlin 2000 – 2002.

Andreas Herzig /Burkhard Sauermost (Hrsg.): „...unterm Himmel über Berlin". Glauben in der Stadt. Morus-Verlag, Berlin, 2001.

Bezirksamt Neukölln, Abt. Volksbildung / Ev. Kirchenkreis Neukölln (Hrsg.): „ Immer wieder Fremde." Kirchengeschichte zwischen Herrschaftstreue, Glaubensanspruch und Menschlichkeit. Edition Hentrich, Berlin, 1994. Darin das Kapitel von Georg v. Glowczewski: „Wie kam das Christentum hierher? Die Christianisierung der Mark Brandenburg."

Zum Thema der „Ökumenischen Spaziergänge in Berlin“ gibt es eine empfehlenswerte Buchreihe aus dem Verlag Haude & Spener, Berlin, der auch die Rechte des früheren Verlags Bruno Hessling übernommen hat, damit auch die Reihe „Berliner Kaleidoskop“, die jetzt „Berlinische Reminiszenzen“ heißt. In der Regel können Sie alle Titel noch über den Buchhandel beziehen. Hier also die kleine Auswahl:

Jürgen Boeckh: Alt-Berliner Stadtkirchen (zwei Bände) – Bd. 57/58.

Jürgen Grothe: Spandau – Stadt an Spree und Havel . – Bd. 33.

Dgl.: Spandau vor Berlin – Bd. 52.

Klaus-Dieter Wille:

- Spaziergänge in Charlottenburg und Spandau - Bd. 17
- Spaziergänge in Zehlendorf und Wilmersdorf - Bd. 25
- Spaziergänge in Steglitz - Bd. 60
- Spaziergänge in Charlottenburg - Bd. 66

Wolfgang Janowitz: - Spaziergänge in Pankow - Bd. 65

Olaf Seeger / Burkhard Zimmermann: Steglitzer Geschichte(n). Bd. 56.

Literatur zu einzelnen Routen: (Auswahl)

Berlin-Mitte:

Günter Stahn /Manfred Paul: Das Nikolaiviertel. Verlag für Bauwesen, Berlin 1991.

Eike Geisel: Im Scheunenviertel. Bilder, Texte, Dokumente. Berlin (Severin&Siedler) 1981.

Charlotte von Mahlsdorf: Ab durch die Mitte. Ein Spaziergang durch Berlin. Berlin (edition dia) 1994.

Heinz Endres: Die St.Hedwigs-Kathedrale in Berlin 1773 – 1973. Leipzig, St. Benno-Verlag 1973.

Christine Goetz/ Victor H. Elbern: Die St.Hedwigs-Kathedrale zu Berlin. Regensburg (Verlag Schnell und Steiner), 2000.

Berlin-Spandau:

Heimatkundliche Vereinigung 1954 e.V. und Förderkreis Museum Spandau (Hrsg.): Staaken. Ein Ortsteil im Wandel der Zeiten: 1273 – 1998.

Karl Baedeker (Hrsg.): Berlin – Spandau. Bezirksführer. Freiburg/Brsg. 1987.

Erich Lezinsky-Verlag (Hrsg.): Spandau – Eine Stadt verändert ihr Gesicht. 40 Jahre Baugeschichte. Berlin 1985.

Berlin-Charlottenburg:

Wolfgang Ribbe (Hrsg.): Von der Residenz zur City. 275 Jahre Charlottenburg. Berlin (Colloquium-Verlag) 1980.

Helmut Engel (Hrsg.): Charlottenburg: Residenzstadt, Großstadt, City. Berlin (Stapp-Verlag), 1993.

Erich Kock: Er widerstand. Bernhard Lichtenberg, Dompropst bei St. Hedwig. Berlin (Morus-Verlag) 1996.

Willy Bark: Chronik von Alt-Westend. Berlin (edition divan), 1986.

Berlin-Neukölln/Britz:

Georg Möller: Von Richardsdorf bis Neukölln. Berlin (Nekölln) 1926.

Neuköllner Kulturverein (Hrsg.): Sand im Getriebe. Neuköllner Geschichte(n). Berlin (Verlag Frölich & Kaufmann), 1985.

Felix Escher: Britz – Geschichte und Geschichten. Hrsg.: Manfred Preuss, Berlin 1984.

Cornelia Hüge: Die Dorfkirche Britz. In: „Immer wieder Fremde. Kirchengeschichte zwischen Herrschaftstreue, Glaubensanspruch und Menschlichkeit“, Berlin (Edition Hentrich) 1994.

Berlin-Wilmersdorf/Grunewald:

Karl-Heinz Metzger: Kirchen, Moschee und Synagogen in Wilmersdorf. Hrsg.: Bezirksamt Wilmersdorf von Berlin, 1986.

Helga Gläser/Karl-Heinz Metzger: 100 Jahre Villenkolonie Grunewald 1889 – 1989. Hrsg. Bezirksamt Wilmersdorf von Berlin, 1989.

Berlin-Zehlendorf/Dahlem:

Michael Engel: Geschichte Dahlems. Berlin (Verlag Arno Spitz), 1984.

Historische Kommission zu Berlin (Hrsg.): Geschichtslandschaft Berlin – Zehlendorf. Berlin (Nicolai-Verlag) 1992.

Berlin-Steglitz:

Heimatverein für den Bezirk Steglitz 1923 e.V. (Hrsg.): Steglitz – Das Jahrbuch 2000. Berlin-Steglitz, 2.Jg. 2000.

Kath. Kirchengemeinde der Rosenkranz-Basilika (Hrsg.): 100 Jahre Rosenkranz-Basilika Berlin-Steglitz 1900 – 2000 – eine Festschrift.

Dr. Werner Hirsch (Hrsg.): Festschrift 100 Jahre Gymnasium Steglitz 1886 - 1986. Berlin (Stapp-Verlag) 1986.

Christian Simon: Vom größten Dorf Preußens. Steglitz im Wandel der Geschichte. Berlin (be.bra-Verlag) 1997.

Karl Baedeker (Hrsg.): Berlin-Steglitz – ein Stadtführer. Freiburg/Brsg. 1980.

Berlin-Reinickendorf:

Gerd Koischwitz: Sechs Dörfer in Sumpf und Sand. Geschichte des Bezirks Reinickendorf von Berlin. Verlag „Der Nord-Berliner“ Wilhelm Möller oHG, o.J.

Karl Baedeker (Hrsg.): Berlin-Reinickendorf – ein Stadtführer. Freiburg/Brsg. 1980.

Zu: Heiligensee:

Hartmut Kühne/Anne-Katrin Ziesak (Hrsg.): Die Wilsnackfahrt. Wunder, Wallfahrt, Widersacher. Regensburg (Verlag Friedrich Pustet), 2005.

Gerhard Kühn (Hrsg.): Chronik der Dorfkirchengemeinde Heiligensee. Bd. I: 1300 – 1781 (erschienen im April 1977), Bd. II : 1782 – 1848 (ersch. Oktober 1979), Bd. III : 1858 – 1918, (ersch. Januar 1982).

Berlin-Pankow:

Rudolf Dörrier: Pankow – Chronik eines Berliner Stadtbezirkes. Berlin (Pankow) 1971.

Liebe Leserinnen und Leser!

Wenn Ihnen mein Büchlein gefallen hat und Sie, Ihre Kirchengemeinde oder eine Gemeinschaft in der Gemeinde (Familien- oder Seniorenkreis, Kolpingsfamilie etc.) eine der Routen selbst einmal ablaufen oder -fahren wollen, dürfen Sie mich ruhig kontaktieren. Gegen ein kleines Honorar werde ich, so bald es meine Zeit erlaubt, dann auch selber leiten. Zwecks Terminabsprache - hier meine Anschrift:

Georg von Glowczewski,
Kanada-Allee 10, 14513 Teltow.
Telefon: 03328 / 30 91 71 (Fax: -72),
Handy: 0178 / 60 333 64,
E-mail: glowcz@web.de

Ich bin auch dankbar für jede Kritik, für weitere Anregungen und Ergänzungen.

Herzlichen Dank!

Georg von Glowczewski